禹贡

九州赋贡研究

宋海燕 著

北京燕山出版社

图书在版编目（CIP）数据

《禹贡》九州赋贡研究 / 宋海燕著. -- 北京 ：北京燕山出版社，2024. 8. -- ISBN 978-7-5402-7293-7

Ⅰ．K928.62

中国国家版本馆 CIP 数据核字第 2024NX9298 号

《禹贡》九州赋贡研究

作　　者：宋海燕

责任编辑：王　迪

封面设计：盟诺文化

版式设计：盟诺文化

出版发行：北京燕山出版社有限公司

地　　址：北京市西城区椿树街道琉璃厂西街20号

邮政编码：100052

发行电话：（010）65240430

印　　刷：三河市腾飞印务有限公司

开　　本：710×1000　1/16

印　　张：10.25

字　　数：164千字

版　　次：2025年1月第1版

印　　次：2025年1月第1次印刷

书　　号：ISBN 978-7-5402-7293-7

定　　价：59.00元

《禹贡》是《尚书》中的一篇，被奉为古今地理志之始祖，谈沿革地理者，莫不宗之。《禹贡》全文仅1193字，但其内容极为丰赡，举凡上古之际之政治区划、疆域沿革、山脉河流、田赋土壤、物产道路、部落民族等自然、人文地理状况，莫不兼收并蓄、详加备载，被尊为"古今地理志之祖"，也是我国历史地理研究与考古研究中最重要的参考文献之一。

《禹贡》内容大致分为三部分：九州章、导山导水章和五服章。其中九州章是《禹贡》全文的核心内容，导山导水章是作者纵览华夏大地上主要山川所作的简明记载和梳理，五服章则认为是《禹贡》的一个赘疣，为完整的《禹贡》写成之后，由好事者将春秋之世流传着的一种基于原来的"三服制"史影发展而来的五服制构想的资料加入其末的，故本书重点将《禹贡》九州作为研究对象，对《禹贡》九州中的赋贡内容作一简要分析论述。

历代研究《尚书》或《禹贡》单篇者不胜枚举，如汉人郑玄、马融、王肃，唐人颜师古、孔颖达，宋儒苏轼、林之奇、蔡沈、金履祥，清儒胡渭、阎若璩、王鸣盛、江声、王先谦等，其中胡渭的《禹贡锥指》，援古证今、宏博渊深，为集其大成者；今人顾颉刚、刘起釪的《尚书校释译论》，其《禹贡》研究篇可谓继《锥指》后的又一集成之作；此外，李长傅、辛树帜、姚明辉、杨大钧、曾运乾、杨筠如、黄怀信、李民、王健、江灏、钱宗武等学者著作中，对《禹贡》篇也有较为详细或简略的阐释，纵观历史，《禹贡》研究可谓蔚为大观。本书研究《禹贡》贡赋，便是在前人研究的基础上，汇集历代歧解材料，举证各家之说，比较互参，尤其结合近现代出土及今人最新研究成果，对《禹贡》九州中的土壤、名物、制度等作较为科学合理的解释，去伪存真，使读者能够准确理解文本，了解事物的具体涵义。

《禹贡》赋贡内容丰富，其赋贡问题亦颇多，如九州土壤问题，九州田赋等级制定标准问题，九州田赋不对等问题，冀州赋田叙次问题，冀州赋重且无贡问题，兖州"厥赋贞作十有三载乃同"断句释义问题，九州及周边少数民族之贡问题等等，而《禹贡》九州贡物丰富，包罗万象，包含动物、植物、矿物等，涵盖了生活中的方方面面，凡衣食住行、建筑材料、装饰材料、生活用品，林林总总，故其本身亦有着博物学的价值，然由于历史久远，许多贡物今人已很难了解其涵义用途，如"夏翟"、"孤桐"、"浮磬"、"菁茅"、"玄纤玑组"、"球"等，故本书的研究，便是针对上述相关问题作一具体深入的研究探讨。

本书按照文本叙述顺序共分为十一个部分：绪论、冀州赋贡研究、兖州赋贡研究、青州赋贡研究、徐州赋贡研究、扬州赋贡研究、荆州赋贡研究、豫州赋贡研究、梁州赋贡研究、雍州赋贡研究和参考文献。绪论部分是对开篇"禹别九州，随山浚川，任土作贡"的简要探析，此句是《禹贡》的序言，也是该篇的中心思想，其目的和落脚点在"作贡"之上，与本书的研究主题密切契合，故有必要对序言做一简要分析探讨。《禹贡》显然不为大禹所作，刘起釪先生经过考证，认为此三句是汉代儒生为更切题而加上去的，为更概括全篇内容和突出这篇"任土作贡"的"经典"的重要意义。第一章冀州赋贡研究比较复杂，由于脱简、错简，导致冀州既无疆域、厥贡，其厥赋、厥田的叙述顺序也是颠倒的，故有必要对这些问题进行说明厘清，此外，由于是第一州的论述，故有必要对全文中一些问题，如土、田、壤的概念，田赋等级的制定标准等作一简要说明论述，故冀州章内容相对而言比较复杂，对比之下，就没有余八州赋贡研究的规律整齐，故特此说明。

本书由安阳工学院的宋海燕编著。首先，在撰写过程中，笔者查阅了大量国内外的研究成果，得以借鉴众多专家学者的的观点、思路和实践资料，在此表示衷心感谢；感谢我的单位安阳工学院提供的平台，本书的出版，得到了安阳工学院"博士科研启动金"的资助；感谢单位领导的支持，同行专家教授的指导和意见；感谢同学、朋友的帮助，他们所提出的宝贵意见及中肯见解，对笔者在本书的编写过程中提供了好的思路和创作方法；最后要感谢我的家人，默默在背后提供的无私帮助和安慰，他们牺牲了很多，也付出了很多。

由于时间仓促，加上笔者精力、水平有限，书中难免有不足与疏漏瑕疵之处，真诚地希望读者谅解并期待您的宝贵意见。

目 录

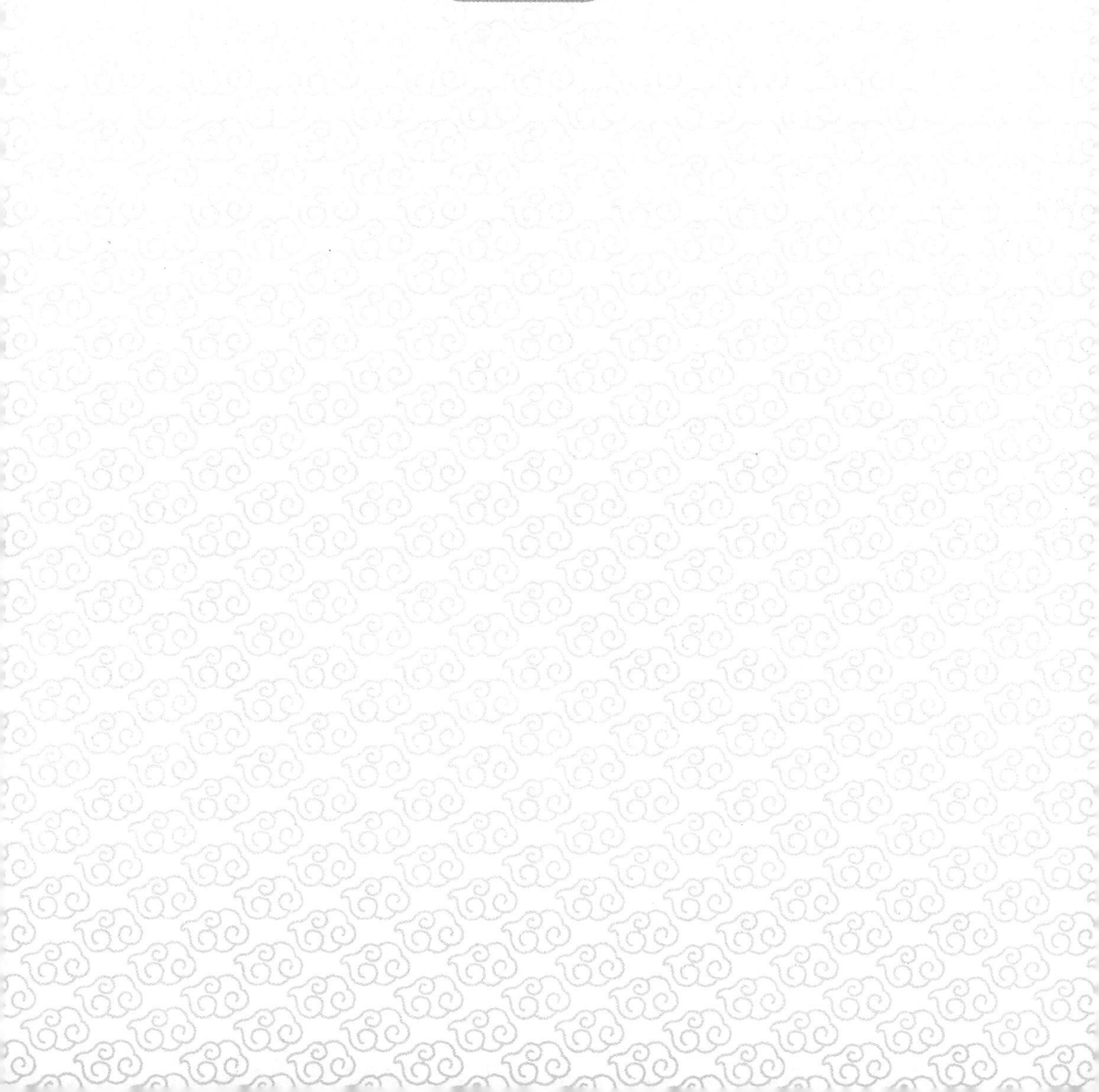

绪

论

　　《禹贡》是我国第一篇区域性地理著作，其托大禹所作，如开篇云："禹别九州，随山浚川，任土作贡。"孔疏云："禹分别九州之界，随其所至之山，刊除其木，深大其川，使得注海。水害既除，地复本性，任其土地所有，定其贡赋之差，史录其事，以为《禹贡》之篇。"①《禹贡》为大禹所作，显然为妄说，然关于《禹贡》作者，亦众说纷纭。有学者认为是孔子的作品。《诗经》《尚书》是孔子传授门徒的教材，孔子对其进行厘正编订，当是可能的事情，此说有一定的道理。另一种说法，史念海《论〈禹贡〉的著作年代》一文中，据文中"南河"、"西河"的称谓，认为作者是站在魏国的立场上说的，故认为《禹贡》作者当为战国时期的魏国人。顾颉刚则认为《禹贡》作者是西北人，其《禹贡（全文注释）》中云："《禹贡》作者的籍贯同《山经》作者一样，可能是秦国人。因为他对于陕西、甘肃、四川间地理最明白，其次是山西、河北、河南。因此，陕西的雍水、河南的涧水瀍水虽都是三四等的河流，他都记得清楚；到了东边，他就迷糊了。最显著的错误，是长江的下游。他在导水章里讲，汉水自入长江以后，又从彭蠡（今鄱阳湖）出来，'东为北江，入于海'。而长江呢，和汉水一起流入彭蠡之后，又同汉水分家，'东为中江，入于海'。汉与江平行入海，这真是一个千古奇闻！而且汉为北江，江为中江，那必然还有一条南江。这南江是现在的什么水道呢？从前学者以为经书作于'圣人'，认为绝对地正确，所以想尽方法作解释，而没有一个说法站得住，就因为它脱离了实际的缘故。现在知道，《禹贡》的作者是西北人，他的地理知识自有其局限性，他那时决不可能对东南地理弄清楚，以致出了这般的岔子。其他地方，像导山章，在今河南的桐柏山和湖北的大别山本相连贯，他却分置在两列；四川的岷山和湖南的衡山毫不相干，他却合在一条线上。这也是他不明白东南地理的一个证据。"②顾颉刚从文中作者对中国地理的熟悉程度上，推测"《禹贡》作者的籍贯同《山经》作者一样，可能是秦国人。"此外，辛树帜和邵望平提出《禹贡》作者是西周史

---

① （汉）孔安国传，（唐）孔颖达疏：《尚书正义》，北京：北京大学出版社，1999年，第132页。

② 顾颉刚、刘起釪：《尚书校释译论》，北京：中华书局，2005年，第842、843页。

官；刘起釪从《禹贡》定稿于西周史官之手的角度出发，认为西周的地域正是后来秦国的地域，故《禹贡》作者是秦国人或魏国人的推测就不存在了。总而言之，《禹贡》定稿的作者更多的可能应是熟悉中国西北地理的西周王朝史官。

《禹贡》不为大禹所作，然开篇"禹别九州，随山浚川，任土作贡"，刘起釪先生经过考证，认为此三句是汉代儒生为更切题而加上去的，为更概括全篇内容和突出这篇"任土作贡"的"经典"的重要意义。

赋贡是《禹贡》全篇的中心内容，然各州由于土壤不同，其赋贡也各不相同，正如孔颖达《尚书正义》中所述："九州之土，物产各异，任其土地所有，以定贡赋之差，既任其所有，亦因其肥瘠多少不同，制为差品。郑玄云：'任土谓定其肥硗之所生。'是言用肥瘠多少为差也。"① 即以土壤肥瘠、物产等作为征收赋贡之标准。《禹贡》九州赋贡不同，故在分析各州赋贡之前，有必要先对《禹贡》九州土壤作一简要的研究分析。

---

① （汉）孔安国传，（唐）孔颖达疏：《尚书正义》，北京：北京大学出版社，1999年，第132页。

第一章

冀州赋贡研究

第一节　冀州疆界简析

《禹贡》冀州不言州境，单云"冀州"二字；余八州皆有州境，独冀州除外，关于这一问题，历来经师学者争论不休。如一种观点认为冀州为帝都，其不书境界，为尊京师，显示其广阔之义。如马融、郑玄云："（冀州）不书其界者，时帝都之，使若广大然。"[①]蔡沈《书集传》引晁补之云："所以尊京师，示王者无外之意。"[②]另一种观点认为禹治水时，冀州北境尚未定域，故不言其疆界。如清人孙承泽云："冀州北临沙漠……方禹治水，冀之北境未有定域，故独于冀不言封界其此与。"[③]然更多学者则倾向于冀州是有疆界的，其疆界可由余州推知，如《孔疏》："'此州帝都，不说境界，以余州所至则可知'也。兖州云'济、河'，自东河以东也。豫州云'荆、河'，自南河以南也。雍州云'西河'，自西河以西也。明东河之西，西河之东，南河之北是冀州之境也。马、郑皆云'冀州不书其界者，时帝都之，使若广大然'。文既局以州名，复何以见其广大？是妄说也。"[④]反驳了马、郑所说的冀州帝都，不书疆界，使若广大的说法，认为其疆界可由余州推知，冀州在"东河之西，西河之东，南河之北"，宋人林之奇、蔡沈，明人王樵等皆持此说，今人王世舜、王翠叶、江灏、钱宗武、李长傅等认为冀州大致在今河北、山西两省境内，或"约当今山西全省，河北省大部及河南省北部。"[⑤]这些关于冀州地境的说法都是正确的，然其对文中不言境界的理由则不确，冀州不言疆界，其实是由于脱简所致，正如刘起釪在《尚书校释译论》中云："《禹贡》各州的文句都有一定的顺序，首先为各州的州域，记明它的山川和有关要地；中间依次是厥土、厥田、厥赋、

---

① （清）王先谦：《尚书孔传参正》，北京：中华书局，2011 年，第 246 页。

② （宋）蔡沈：《书集传》，南京：凤凰出版社，2010 年，第 41 页。

③ （清）孙承泽：《九州山水考》卷上，清康熙刻本。

④ （汉）孔安国传，（唐）孔颖达疏：《尚书正义》，北京：北京大学出版社，1999 年，第138 页。

⑤ 李长傅：《禹贡释地》，郑州：中州书画社，1982 年，第 28 页。

厥贡四项……所有各州都遵此次序，不可能有一州例外。但现在则有两州乱了，一是雍州……再则是冀州乱得很多，首先在'冀州'二字前脱去了说明山川境界的话，而以下八州都是有的。（这也引起了经师们许多解释，如谓：王者无外；王者以天下为界，不当如余州之局以山川；即以余州之界为界；以及其它一些议论，等等。甚无谓，故上文未予论列。）"[1] "可知从先秦传至西汉的本子已经是这样的错简、脱简了。那么自汉以来许多经师为它寻出的许多解释，显然都是妄说。"[2] 由《禹贡》体例，我们可知古人有喜欢"整齐故事"的习惯，对一些本不那么整齐的事往往要把它编排得整整齐齐，如九州便要把它编排成九个等级的田赋，在这实际上是不可能符合客观的，疆域亦是如此，各州皆有界限独冀州无，故我们完全可以大胆地推测是由于脱简所致。

第二节　冀州土壤问题研究

一、土、田、壤之辨

冀州"厥土惟白壤"，"厥田惟中中"，土、田分别叙述，故涉及到了土、壤、田等概念问题，因而在论述九州土壤赋贡之前，有必要先对这些概念进行说明辨析。

许慎《说文解字》中云："土：地之吐生物者也。二象地之下，地之中。物出形也。"[3] 清人胡渭《禹贡锥指》引郑玄云："地当阴阳之中，能吐生万物者曰土。据人功作力，竞得而田之，则谓之田。田、土异名，义当然也。"[4]《正韵》："土已耕曰田。"可知土为田的基础，为生长万物之土地，田则是人力在

---

[1]　顾颉刚、刘起釪：《尚书校释译论》，北京：中华书局，2005 年，第 544 页。

[2]　顾颉刚、刘起釪：《尚书校释译论》，北京：中华书局，2005 年，第 545 页。

[3]　李恩江、贾玉民：《文白对照说文解字译述》，郑州：中原农民出版社，2000 年，第 1277、1278 页。

[4]　（清）胡渭：《禹贡锥指》，上海：上海古籍出版社，2013 年，第 48 页。

土上经过后天加工耕作而成的状态，二者不同；此外，《说文》："田：陈也。树谷曰田。象四口，十，阡陌之制也。"[①]从造字来看，"田"为象形文字，其始见于商代甲骨文及商代金文，字形本像是在大片垄亩上画出三横三纵的九个方格，表示阡（竖线代表纵向田埂）陌（横线代表横向田埂）纵横无数的井田，简体甲骨文将三横三纵的阡陌简化为一横一纵的"十"，其造字本意便为阡陌纵横的农耕之地；《释名》："填也，五稼填满其中也。"韦昭注《国语·齐语》："谷地曰田。"[②]可知田为排列整齐的农田，主要种植生产粮食五谷，这应是《禹贡》"田"的基本含义；"壤"其实与"田"的概念比较接近，如《说文》释"壤"："软土也。"[③]陆德明《经典释文》引郑玄云："壤亦土也，变言耳。以万物自生焉则言土，土犹吐也；以人所耕而树艺焉则言壤，壤，和缓之貌。"[④]与前述"田"的定义相似；清人孙诒让《周礼正义》"大司徒"文中释郑玄义云："和缓即柔土之义。……盖地率为坚土，即经人所耕种，则解散和缓，故谓之壤。……壤即熟田也。"[⑤]可见"壤"、"田"都是在"土"的基质上，经过人为耕种熟化后形成的"熟田"或"耕种土壤"，《释名·释地》："壤，瀼也，肥濡意也。"[⑥]伪孔："无块曰壤。"[⑦]可知"壤"为无块疏松的柔肥之土。壤土是九州中最好的土地，冀州白壤、豫州壤、雍州的黄壤，可划为一类，陈恩凤先生考证后，认为主要分布在今天的河北、山西、河南、陕西等省境内。

---

① 李恩江、贾玉民：《文白对照说文解字译述》，郑州：中原农民出版社，2000年，第1300页。
② （春秋）左丘明著，（三国）韦昭注：《国语》，上海：上海古籍出版社，2015年，第155页。
③ （清）胡渭：《禹贡锥指》，上海：上海古籍出版社，2013年，第42页。
④ 顾颉刚、刘起釪：《尚书校释译论》，北京：中华书局，2005年，第535页。
⑤ 顾颉刚、刘起釪：《尚书校释译论》，北京：中华书局，2005年，第536页。
⑥ （清）胡渭：《禹贡锥指》，上海：上海古籍出版社，2013年，第42页。
⑦ 顾颉刚、刘起釪：《尚书校释译论》，北京：中华书局，2005年，第535页。

⋮ 二、冀州"白壤"考

冀州白壤。伪孔:"水去土复其性,色白而壤。"① 陈恩凤《中国土壤地理》中释冀州"白壤"云:"水去而复其性,斯指上面一干,盐分复因蒸发而聚积,足证同为沙质含盐之土壤。……冀为今之河北、山西,平原每为盐渍土壤,微呈白色,或即所称白壤。"② 可知"白壤"为水分蒸发后,聚集在土面上含盐碱成分的盐渍土壤,因呈白色,故称白壤;冀州大致为今山西、河北等区域,近人席承藩等著《山西省的盐渍土与盆地土壤》一文中指出:"阶地上……坡积与洪积覆盖,黄土层以下为第三纪湖泊沉积层埋藏。这种湖泊沉积物中含盐较多,露出后形成盐地,同时也是本地区土壤底层有明显含盐特征的原因。"③ 进一步阐释了冀州"白壤"形成的原因。

冀州有盐碱土的存在由来已久。唐虞世南《北堂书钞》引《竹书纪年》云:"晋幽公七年,晋大旱,地生盐。"④ 是晋地土壤含盐碱自古就有之证;《汉书·沟洫志》记魏襄王时,史起为邺令,其加修水利工程,引漳水溉邺,以富魏之河内,民歌之曰:"……决漳水兮灌邺旁,终古舄卤兮生稻粱。"⑤《吕氏春秋·乐成》中亦记:"史起因往为之……水之行,民乃大得其利,相与歌之曰:'邺有圣令,时为史公,决漳水、灌邺旁,终古斥卤,生之稻粱。'"⑥ 终古的斥卤即是白壤,其含盐碱成分较高,不利于农业生产,靠搞好灌溉来提高产量,史起使当地农业得到发展,故人民歌颂他为"贤令"。

邺是今河北省地区。河北省盐碱地不仅历史久远,且分布面积广阔,据1935年河北省建设厅调查,全省90多县有盐碱地分布,面积达770万余亩,

① (清)胡渭:《禹贡锥指》,上海:上海古籍出版社,2013年,第41页。

② 顾颉刚、刘起釪:《尚书校释译论》,北京:中华书局,2005年,第536页。

③ 顾颉刚、刘起釪:《尚书校释译论》,北京:中华书局,2005年,第537页。

④ 顾颉刚、刘起釪:《尚书校释译论》,北京:中华书局,2005年,第536页。

⑤ 许嘉璐等:《二十四史全译·史记》,上海:汉语大词典出版社,2004年,第758页。

⑥ 顾颉刚、刘起釪:《尚书校释译论》,北京:中华书局,2005年,第537页。

到中华人民共和国成立前，全省盐碱地扩大到 1300 多万亩，其中仅邯郸、邢台两地区各有盐碱土 70 万亩。盐碱地的农作物产量自古很低，如历史上记河北巨鹿县"水苦地半卤"，"向有碱地四万余亩，不能耕种"[①]；记"曲邑北乡一带，咸碱浮卤，几成废壤，民间赋税无出。"[②] 记南皮等县"其地不生五谷，唯产硝盐。"[③]1978 年 8 月 11 日，《光明日报》关于华北农大教师与曲周农民搞科学实验，摸索出综合治理盐碱地经验的报道，有云："我国黄淮海大平原约有盐碱低产田五千多万亩，其中河北省黑龙港地区就占一千多万亩。这些地区由于受到春旱、夏涝、土碱、水碱等自然灾害的侵袭，粮食亩产长期徘徊在一二百斤左右。"[④] 白壤产量现代尚且如此，古代更可想而知。

三、冀州田等问题探析

冀州土白壤，"厥田惟中中"。《禹贡》九州之田从"上上"自"下下"共分为九等，即上上、上中、上下、中上、中中、中下、下上、下中、下下，分别对应一至九等，九州土壤及其等级列表如下：

地理位置	土壤性质	田等
冀州	白壤	中中，第五等
兖州	黑坟	中下，第六等
青州	白坟，海滨广斥	上下，第三等
徐州	赤埴坟	上中，第二等
扬州	涂泥	下下，第九等
荆州	涂泥	下中，第八等

① （清）潘锡恩：《畿辅水利四案·畿辅水利三案》，清道光三年（1823 年）刻本。

② （清）劳宗发修，王今远纂：《曲周县志·盐政》，清乾隆十二年（1747 年）刻本。

③ 刘洪升：《黄淮海平原盐碱地治理与农业生态环境变迁——以河北省黑龙港及运东地区为例》，《河北广播电视大学学报》，2015 年第 1 期。

④ 顾颉刚、刘起釪：《尚书校释译论》，北京：中华书局，2005 年，第 537 页。

豫州	壤，下土坟垆	中上，第四等
梁州	青黎	下上，第七等
雍州	黄壤	上上，第一等

冀州田"中中"，即第五等，冀州多数为盐碱地，土壤质量与农作物产量由上叙述可见一斑，然田等级为何为第五？这就涉及到了九州田等级的划分标准问题，在这一问题上，历代学者可谓众说纷纭，大致来说，有以下几种说法：

1. 地形高下说。如郑玄云："田著高下之等者，当为水害备也。"[①]清人江声云："九州在昆仑之东南，故西北高，东南下。雍州在西北，其田上上，扬州在东南，其田下下，明以高为上，低为下也。"[②]从水害及田地势高低的角度去分析，认为地势高者受水害小，低者水患重，故田等级不同，此外，汉人马融，宋人夏僎，清人孙星衍、林春溥等亦皆持此说。然若按此说，则九州田的等级次序当为：雍、徐、青、豫、冀、兖、梁、荆、扬，然核诸我国地形实际，冀州其实高于雍、荆、扬的大部分，亦高出徐、豫、青，故此说不确。

2. 土地肥瘠说。如王肃云："言其土地各有肥瘠。"[③]宋人刘敞云："其定田也，以田之美恶为等。州虽小而田美，则居上。州虽大而田恶，则居下。"[④]否认州大小之影响，而以田地美恶贫瘠作为等级标准。元人吴澄、今人黄怀信等持此说。

3. 田地高下肥瘠说。伪孔："田之高下肥瘠，九州之中为第五。"[⑤]孔疏，

① （汉）孔安国传，（唐）孔颖达疏：《尚书正义》，上海：上海古籍出版社，2007 年，第 195 页。

② 顾颉刚、刘起釪：《尚书校释译论》，北京：中华书局，2005 年，第 541 页。

③ （汉）孔安国传，（唐）孔颖达疏：《尚书正义》，上海：上海古籍出版社，2007 年，第 195 页。

④ （清）胡渭：《禹贡锥指》，上海：上海古籍出版社，2013 年，第 49 页。

⑤ （汉）孔安国传，（唐）孔颖达疏：《尚书正义》，上海：上海古籍出版社，2007 年，第 195 页。

今人曾运乾、王世舜等持此说。

4. 农作物产量说。宋人林之奇："九州……其田分为九等之差者，盖自其发生万物言之。"[①] 今人李长傅《禹贡释地》："山西地势高寒，农产最薄；河北地势低下，向多水患。故农田自古不及东南各省。"[②] 将土地农作物产量结合州地势，共同作为田地等级的标准。此外还有州大小说、人口稀稠说等等，不一而足。

今人刘起釪《尚书校释译论》在总结了上述几种说法后认为："《禹贡》九州田地的分等，大体是根据当时农业发展情况，不是率意编排的，也不是根据什么地形高下或地质肥瘠，而只是反映了《禹贡》编写者所处的周代华夏这块大地上各地区农业生产水平的高低。由此并可悟各州赋入的等第当也有所据，大体当是根据各地经济繁荣程度来定的。当然，对于九州刚好分为九等，每州刚好相差一等，也不应机械理解。要知道古人有喜欢'整齐故事'的习惯，对一些本来不那么整齐的事往往要把它编排得整整齐齐，于是九个州便要把它编排成九个等级，这实际是不可能符合客观的，我们不要为它所拘泥。"[③] 此说较有说服力，如上述战国史起引漳灌邺的漳水渠，是最早引水洗盐的大型工程。邺地开凿的以漳水十二渠为主体的灌溉渠系，使得斥卤之地可以种上稻粱，故冀州虽为白壤盐碱地，然由于人力的积极开发治理，使得这一带大片土地得到改良，农产品较为丰富，所以田等就列在了前面；此外，冀州之土标白壤，但并不意味着此州只有白壤，如蔡沈《书集传》引宋人曾旼云："冀州之土岂皆白壤？云然者，土会之法从其多者论也。"[④] 宋人傅寅《禹贡集解》中亦引王安石云："曰白壤者，其大致然也，余州盖皆如此。"[⑤] 是说白壤只是冀州主要的代表性土壤，不能拘泥

---

① 顾颉刚、刘起釪：《尚书校释译论》，北京：中华书局，2005 年，第 541 页。

② 李长傅：《禹贡释地》，郑州：中州书画社，1982 年，第 32、33 页。

③ 顾颉刚、刘起釪：《尚书校释译论》，北京：中华书局，2005 年，第 542、543 页。

④ （宋）蔡沈：《书集传》，南京：凤凰出版社，2010 年，第 42 页。

⑤ 顾颉刚、刘起釪：《尚书校释译论》，北京：中华书局，2005 年，第 537 页。

的认为某壤就是该州的全部土壤，此说为是，故冀州虽为白壤，然田等级为中中，也就不足为奇了。

第三节　冀州之赋研究

同上述九州之田一样，《禹贡》九州之赋亦分为九等，其对应的地区、田赋等级亦可列表如下：

地理位置	田等	赋等
冀州	中中，第五等	上上错
兖州	中下，第六等	贞
青州	上下，第三等	中上
徐州	上中，第二等	中中
扬州	下下，第九等	下上
荆州	下中，第八等	上下
豫州	中上，第四等	上中
梁州	下上，第七等	下中
雍州	上上，第一等	中下

冀州"厥赋为上上错"，"上上"，即第一等的意思。冀州"上上"赋等第一自古无异议，然对于"错"的解释，历来众说纷纭，综合而言，有以下几种说法：

1.错：上下相错。马融："地有上下相错，通率第一。"① 谓冀州赋等上下相错，但总的来说是第一等。

2.错：杂，杂出第二等。清人孙星衍《尚书今古文注疏》云毛诗传释"错"

_____

① （清）王鸣盛：《尚书后案》，北京：北京大学出版社，2012年，第100页。

为"杂也"，故后世儒者多持此说，如伪孔："错，杂。杂出第二之赋。"①
孔疏："'上上'是第一也。交错是间杂之义，故'错'为杂也……此州以
上上为正，而杂为次等，言出上上时多，而上中时少也。多者为正，少者为
杂。"②"错"是间杂义，此州田等第一，杂出第二等；苏轼《书传》："《禹
贡》田赋皆九等，此为第一，杂出第二之赋。"③宋人蔡沈，清人王先谦，今人
曾运乾、屈万里、李民、王健、李长傅、江灏、钱宗武等亦皆赞同此说，此为
是，即冀州赋等第一，间或夹杂第二等。

3. 错：杂，杂出其他等级。皮锡瑞《今文尚书考证》引颜师古云："上上，
第一也。错，杂也。言赋第一，又杂出诸品也。"④继云："当以师古前说为
正。"⑤今人黄怀信、樊东等持此说。

4. 错：错法。胡渭《锥指》引北宋刘敞云："圣人预为推移通变之权，而
通行于万世。于是举其轻重之尤者四州，而为错法焉。"⑥圣人推行错法，以
应对推移变化之世；朱熹亦认为："岁有丰凶，不能皆如其常，故有错法以通
之。"⑦

5. 错：差也。胡渭《锥指》引傅氏云："错之为言，非杂也，差也。九州之
赋，州内可均齐者，则无差等之例。如其不可均齐，则大概几何，而或升或降，

---

① （汉）孔安国传，（唐）孔颖达疏：《尚书正义》，上海：上海古籍出版社，2014 年，第
194 页。
② （汉）孔安国传，（唐）孔颖达疏：《尚书正义》，上海：上海古籍出版社，2014 年，第
194 页。
③ （清）纪昀、陆锡熊、孙士毅等:《景印文渊阁四库全书》，台北：台湾商务印书馆，1986 年，
第 54 册，第 517 页。
④ （清）皮锡瑞：《今文尚书考证》，北京：中华书局，2009 年，第 137 页。
⑤ （清）皮锡瑞：《今文尚书考证》，北京：中华书局，2009 年，第 137 页。
⑥ （清）胡渭：《禹贡锥指》，上海：上海古籍出版社，2013 年，第 46 页。
⑦ （清）胡渭：《禹贡锥指》，上海：上海古籍出版社，2013 年，第 46 页。

亦任土随宜可也。若此，则取民之时有轻重，而九等非计岁入之总数矣。"①九州赋等若均齐，则无差等之例，若不能均齐，或升或降，任土作赋。这是另一种说法。

纵观《禹贡》全文，九州赋等次序依次为：兖州："厥赋贞"，青州："厥赋中上"，徐州："厥赋中中"，扬州："厥赋下上"，荆州："厥赋上下"，雍州："厥赋中下"，惟冀州："厥赋惟上上错"，豫州："厥赋错上中"，梁州："厥赋下中，三错"，可知此三州所"错"者亦当皆为赋等，而非错法、差等等义；马融释"错"为上下相错，后世学者多释"错"为杂，三州杂出的当为相邻的赋等；冀州"厥赋惟上上错"，即冀州赋等第一，杂出第二等，此当为比较合理的解释。

⠿ 一、冀州赋重问题考

冀州土白壤，田中中第五等，赋等却为第一，田赋等级相差悬殊，这也是一个值得探讨的问题。理论上讲，赋的标准应以田等为准，等级越高，所定的赋等也应越高，然纵观《禹贡》全文，却出现了田赋不对等的情况，尤其冀州田赋相差四等，故儒者对此多有争论，大致来说，可归为以下几种说法：

1. 人功多少。如孔疏："人功有强弱，收获有多少。……荆州'田第八，赋第三'，为'人工修'也，雍州'田第一，赋第六'，为'人工少'也，是据人工多少总计以定差。"②认为赋的差秩由人工多少和田地收获来定；黄伦《尚书精义》在叙及徐州田第二而赋第五时云："非土地不美也，亦人力不致焉耳"；荆州田第八而赋第三，其云："以是知人工加倍，虽瘠确之地，亦丰

---

① （清）胡渭：《禹贡锥指》，上海：上海古籍出版社，2013 年，第 45 页。
② （汉）孔安国传，（唐）孔颖达疏：《尚书正义》，北京：北京大学出版社，1999 年，第 136 页。

矣。"　"（豫州）人力不至，故赋止第二。"① 强调了人力、人功的作用。宋人夏僎、陈大猷、胡士行，元人陈栎、董鼎、黄镇成，明人刘三吾、胡广、王樵，清人王顼龄、朱鹤龄等亦皆持此说。

2. 州大小。胡渭《锥指》引宋人刘敞《七经小传》云："其定赋也，以赋之多寡为差。州大者其赋多，州小者其赋少，不尽系其美恶也。"② 认为以州之大小定九州赋等，然冀州区域，据清芮日松纂辑《禹贡今释》考证，大致包括现代山西、河北、辽宁三省部分土地，面积约一百四十余万平方公里，次于雍州和梁州，不为第一，故州大小说不确。

3. 州大小加人口。蔡沈："（冀州）赋高于田四等者，地广而人稠也。"③ 在州土地面积基础上又加上人口。宋人夏僎、今人李长傅等从此说。

4. 开发时间的早晚。林之奇认为各地"辟地有先后，人功有修否，不可得而均也。"④ 近人许道龄也认为："冀豫开化较早，农业发达。"⑤

5. 自然灾害。宋人毛晃《禹贡指南》中突出了旱涝等自然灾害的影响，其认为冀州赋等第一是为防备水溢干旱。宋代林之奇和今人林汀水亦同此说。

此外，还有认为赋有出于土、不尽出于田者。如傅寅《禹贡说断》："赋不皆出于田，故有田上而赋寡……有田下而赋多。"⑥ 有的则认为是根据各州收入总数来决定，如林之奇《全解》："有九州之差者，盖九州之赋税，计其所入之

---

① （宋）黄伦：《尚书精义》，《四库全书》本，上海：上海古籍出版社，1987 年，第 58 册，第 244、250、253 页。

② （清）胡渭：《禹贡锥指》，上海：上海古籍出版社，2013 年，第 49 页。

③ （宋）蔡沈：《书集传》，南京：凤凰出版社，2010 年，第 42 页。

④ （宋）林之奇：《尚书全解》，《四库全书》本，上海：上海古籍出版社，1987 年，第 55 册，第 141 页。

⑤ 许道龄：《论禹贡田赋不平均之故》，《禹贡半月刊》，1934 年第 1 期，第 6 页。

⑥ 顾颉刚、刘起釪：《尚书校释译论》，北京：中华书局，2005 年，第 539 页。

总数，而多寡比较有此九等。冀州之赋比九州为最多，故为上上，兖州之所入比九州为最少，故为下下，其馀七州率皆如此。"① 元人吴澄《书纂言》："赋之九等，以各州岁入总数，较其多寡而为高下也。数之最多者，为上上。"② 今人刘起釪亦认为九州赋入的等第，"大体当是根据各地经济繁荣程度来定的"，其编排不是率意的，"不是根据什么地形高下或地质肥瘠，而只是反映了《禹贡》编写者所处的周代华夏这块大地上各地区农业生产水平的高低。"③ 此当为合理全面的解释。

诚然，冀州大约包括今山西、河北、辽宁三省部分土地，面积约 140 余万平方公里，区域辽阔，人口众多；黄河流域是华夏文明的摇篮，冀州很早就是古代人民活动的地区，地力开发较早，农业水平较高；战国时期水利设施的修建与灌溉，使得当地的农业生产得到发展；而冀州作为帝都，是古籍记载的远古及殷周时期的都城，如《史记》："昔唐人都河东，殷人都河内，周人都河南。夫三河在天下之中，若鼎足，王者所更居也，建国各数百千岁……民人众，都国诸侯所聚会。"④ 人口众多，物产丰富，"百物所聚，百事所出，利之渊薮"⑤，综合经济实力较强，故这是冀州赋等第一的一个原因。其次，从赋的定义上来看，伪孔："赋，谓土地所生以供天子"⑥，云"赋"是敛取土地所生产的作物作为税收，这是春秋以来的"赋"义，可见"赋"不单指粮食，还包括其他作物，如陈登原云："赋之义务由于田，而赋之征收，未必一限于田之所出。"除了农产品，许多土地所产的作物也在征赋范围之内，如林氏《全解》中记："冀，王畿之地，天子所自治，并与场圃、园田、漆林之类而征之。如《周官·载师》所

---

① （宋）林之奇：《尚书全解》，北京：人民出版社，2019 年，第 118 页。

② （清）胡渭：《禹贡锥指》，上海：上海古籍出版社，2013 年，第 48 页。

③ 顾颉刚、刘起釪：《尚书校释译论》，北京：中华书局，2005 年，第 542、543 页。

④ 许嘉璐：《二十四史全译·史记》，上海：汉语大词典出版社，2004 年，第 1543 页。

⑤ 顾颉刚、刘起釪：《尚书校释译论》，北京：中华书局，2005 年，第 539 页。

⑥ 顾颉刚、刘起釪：《尚书校释译论》，北京：中华书局，2005 年，第 538 页。

载，赋非尽出于田也。"①《周礼·地官司徒》："载师，掌任土之法，以物地事、授地职，而待其政令……凡任地，国宅无征，园廛二十而一，近郊十一，远郊二十而三，甸稍县都皆无过十二，唯其漆林之征二十而五。凡宅不毛者，有里布；凡田不耕者，出屋粟；凡民无职事者，出夫家之征。以时征其赋。"②记载了王畿之内，各种不同的土地都要交税，园林场圃等园艺区和漆林等森林区要征税，就连不耕地的、无职业的都要出夫税、家税，可见王畿内赋税之重；《左传·襄公二十五年》记楚苪掩为司马，详细登记丈量土田、山林、薮泽、疆潦、隰皋、牧场、湿地、旱地等各类土地，"量入修赋"，整个过程郑重庄严，可见畿内赋税成分之复杂。宋人陈经云："盖冀为天子之都，事事皆出于此，所以重赋。"胡士行《胡氏尚书详解》："冀田五赋一，相去独远者，帝都百货所聚，且赋兼贡故也。"③皆云冀州作为都城，经济繁荣富庶，故总体上赋税高于他州，这是冀州赋等高于他州的原因之一。

此外，关于"赋"，还有一种释义，如到了宋代，苏轼《书传》释"赋，田所出粟米兵车之类"④，认为赋除粮食外，还应包括兵车之类，这是一不同于前人的解释，后世学者亦有从其说者，如蔡沈，今人李民、王健、李长傅等，这是兼用古代军赋之税为释。《汉书·刑法志》中有："因井田而制军赋"，颜师古注："赋谓发敛财也。"⑤认为所有敛财的行为都可以称为"赋"，军赋自然也是其中的一种。此说亦有一定的道理。

军赋，亦称兵赋，是古代天子向臣属征发的兵役或军用品，是与田制相结合的一种征调军事需用的人力、物力的办法，如《春秋》记成公元年，鲁"作丘

① （宋）蔡沈：《书集传》，南京：凤凰出版社，第 42 页。
② （汉）郑玄注，（唐）贾公彦疏：《周礼注疏》，北京：北京大学出版社，1999 年，第 328、336、338、339 页。
③ （宋）胡士行：《胡氏尚书详解》，《四库全书》本，上海：上海古籍出版社，1987 年，第 60 册，第 319 页。
④ （清）胡渭：《禹贡锥指》，上海：上海古籍出版社，2013 年，第 46 页。
⑤ （汉）班固：《汉书》，北京：中华书局，1962 年，第 1081、1083 页。

甲"；《左传》昭公四年，记"郑子产作丘赋"；记襄公二十五年，楚䓕掩为司马，子木让他具备赋税，检点装甲兵器，"甲午，䓕掩书土、田，度山林，鸠薮泽，辨京陵，表淳卤，数疆潦，规偃猪，町原防，牧隰皋，井衍沃，量入修赋。赋车籍马，赋车兵、徒兵、甲楯之数。既成，以授子木，礼也。"①在计算、辨别、标记各种湖泽、山陵、盐碱地等土类的基础上，划分井田，衡量收入，修正赋税，又贡赋车辆、马匹、兵器、步兵、盔甲盾牌等，可知在较早的时期，军赋已作为征赋中的一种。班固《汉书·刑法志》："因井田而制军赋。……有税有赋。税以足食，赋以足兵。"云军赋是土地与工商、山林、川泽之外的收入，用以供应军需；此外，在服兵役上，西周实行"国野制"，生活在王畿附近，即镐京（西安）城里的人称为"国人"，居住在王畿以外广大地区的人称为"野人"，国野制度是为维护周族统治而服务的一种制度，反映了当时的社会结构和社会矛盾，标志着奴隶制国家的发展。从古籍中，我们可以看出周代的"野人"是不服兵役的，只有"国人"才服兵役、备甲兵，如《诗经》中有大量关于战争和兵役的诗，多反映征人思乡、怨妇思夫，但从中也可以看出当时的兵役制度，如《卫风·伯兮》："伯兮朅兮，邦之桀兮。伯也执殳，为王前驱。"②表达的是妻子对战争中丈夫英勇行为的赞美，战争虽使双方分离，但妻子也有着强烈的自豪感，因其丈夫是"为王执殳"者，执殳之人是周人军队中的勇士，是车战中的车上先锋，执殳在阵前开道作先锋的，基本上是属于当时贵族身份的人。再如《尚书》中记伯禽就封于鲁国后，准备伐淮夷、徐戎时，首先对"国人"誓师，要他们整修甲胄、干戈和弓矢，对"三郊三遂"的"野人"则说："峙乃糗粮，无敢不逮，汝则有大刑。……峙乃桢幹。甲戌，我惟筑，无敢不供，汝则有无余刑，非杀。……峙乃刍茭，无敢不多，汝则有大刑。"③"野人"只有服苦役与

---

① （汉）杜预注，（唐）孔颖达疏：《春秋左传正义》，北京：北京大学出版社，1999年，第1024、1025、1026、1027页。

② （汉）王亨传，（汉）郑玄笺，（唐）孔颖达疏：《毛诗正义》，北京：北京大学出版社，1999年，第241、242页。

③ （汉）孔安国传，（唐）孔颖达疏：《尚书正义》，北京：北京大学出版社，1999年，第565、566页。

杂役的资格，做备干粮、筑墙工具、草料等后勤工作；到了春秋时代，战争多在贵族之间进行，虽有平民服兵役，但兵仍以贵族为主体，故军赋的主体还是贵族，冀州作为王畿之地，"百物所聚，百事所出"，其赋尤其军赋重于他州也就不奇怪了。

此外，从《禹贡》文本上来看，他州皆有赋有贡，独冀州无贡，故郑玄认为："此州入谷不贡。"[①] 即此州无贡，故赋税为第一等（贡包含在赋内）。关于冀州无贡的原因，历来经师也是众说纷纭，这一问题会在下文作简要阐述，今人刘起釪认为："这是一难得确解的问题。很可能是越近王都的地方受的剥削榨取越重。"[②] 如《荀子·王制》中有："相地而衰政（徵），理道之远近而致贡"[③]，即根据土地肥瘠与道路远近来制定赋税标准；《汉书·食货志》："禹平洪水，定九州，制土田，各因所生远近，赋入贡棐。"[④] 也以距王城远近作为纳赋的准则；南宋袁燮《絜斋家塾书钞》："赋如此高者，帝都在焉，道里最近，凡事取给，所以独重。"[⑤] 今人马正林《中国历史地理简论》更是认为："九州田赋的等级，完全是依据路交通的远近和难易而确定的。"[⑥] 这种说法是有一定道理的，我们只要看下文"五服"中的甸服按道里远近征收谷物有轻重就可知道，有可能距都城越近，其运输相对来说越容易，故其赋贡负担越重。

综上所述，经济总量、军赋高于他州的比重、距王畿道里最近等因素成为冀州赋等第一的重要因素。

---

① （汉）孔安国传，（唐）孔颖达疏：《尚书正义》，北京：北京大学出版社，1999年，第136页。

② 顾颉刚、刘起釪：《尚书校释译论》，北京：中华书局，2005年，第540页。

③ 顾颉刚、刘起釪：《尚书校释译论》，北京：中华书局，2005年，第540页。

④ （汉）班固：《汉书》，北京：中华书局，1962年，第1117页。

⑤ （宋）袁燮：《絜斋家塾书钞》，《四库全书》本，上海：上海古籍出版社，1987年，第57册，第715页。

⑥ 马正林：《中国历史地理简论》，西安：陕西人民出版社，1987年，第57页。

⋮ 二、冀州赋田叙次及无贡问题探析

首先，关于冀州赋田的叙次，也是历代经师聚讼的焦点。纵观《禹贡》全文，余八州所叙次序皆为：厥土、厥田、厥赋、厥贡，这是合理的，惟冀州赋在田前，云"厥赋惟上上错，厥田惟中中"，又没有贡，这就引起了各种各样的解释。如《孔疏》："赋以收获为差，田以肥瘠为等，若田在赋上，则赋宜从田，田美则宜赋重，无以见人功修名，故令赋见于田也，此见赋由人功。此州既见此理，余州从而可知，皆令赋在田下，欲见赋从田出，为此故殊于余州也。"①认为田在赋上，赋宜从田，田美则赋重，冀州赋先于田，是人功修缮的结果，赋不尽由田出，故赋在田前，这也是冀州异于他州之处；林氏《全解》则云："余州先田后赋，冀州赋之独先于田者，盖王畿千里之地，天子之所以自治，并与场圃、园田、漆林之类而征之，如《周官·载师》之所载则非尽出于田赋也，故以其文属于厥土之下，而余州皆田之赋也，故先田后赋，此所以异于畿内也。"②认为冀州王畿之地，场圃、园田、漆林等一并征之，赋非尽出于田，故赋先于田；胡渭《锥指》亦赞同此说，其云："孔说非是，欲见人工之修否，不在田赋先后之间，经殊不如此。盖余州先田后赋，正例也；梁州兼有土赋，故特变例书之，以见赋皆不出于田耳。林说确不可拔。"③亦认为赋不尽出于田，赞同林说。

其次，冀州无贡。关于这一问题，马融认为："贡者，侯国献其土物于天子，冀州天子自治，故不言贡。"④冀州天子自治，无需纳贡；元人王天与《尚书纂传》引郑玄云："此州入榖不贡，下云：'五百里甸服'，《传》云'为天子服治田'，是田入榖，故不献贡篚，差异于余州也。"⑤认为下文"五服"中已叙甸服王畿之贡，故此处不献贡，以区别于他州，然此说为林之奇所反对，

---

① 顾颉刚、刘起釪：《尚书校释译论》，北京：中华书局，2005 年，第 543 页。

② （宋）林之奇：《尚书全解》，北京：人民出版社，2019 年，第 120 页。

③ 顾颉刚、刘起釪：《尚书校释译论》，北京：中华书局，2005 年，第 543 页。

④ 顾颉刚、刘起釪：《尚书校释译论》，北京：中华书局，2005 年，第 543 页。

⑤ 顾颉刚、刘起釪：《尚书校释译论》，北京：中华书局，2005 年，第 543 页。

其《全解》云："郑氏此说必不然，盖将谓此州治田出穀，余州独非治田出穀乎。……尝考冀州之所以不言贡篚者，盖畿内之地，天子之封内，无所事于贡也。"①认为"五服章"中此州与他州其实皆需治田出穀，故王说不符，冀州只因是畿内，天子之地，故无需纳贡；此外，陈经《尚书详解》中认为："赋出于田，贡出于地。他州专田赋而以地所生供贡，冀，帝都，天子自赋，田、地一也，贡在赋中，所出不止在田，故独不言贡，而赋在田先。"②冀州天子自赋，田地一体，贡在赋中，故不言贡；然胡渭通过征引《周礼》《左传》等记载，对帝都王畿不贡提出了异议，其《锥指》云："周王畿千里之内亦有贡，一是'九职'所税太府谓之万民之贡，其目则具于《闾师》。……一是采地所入，《左传·昭十三年》子产曰：'卑而贡重者甸服也。'……衡漳、恒卫、大陆之区，当为侯服，时已就疆理，不知何以无贡？……义实难晓，姑识此以待来哲。"③王畿有贡的证据一是《周礼》中"九职"的记载，一为采地所入，故有"九畿"，即王城以外五千里之内，各级诸侯之领地及外族所居之地，其自内而外，每五百里为一畿，共有侯、甸、男、采、卫、蛮、夷、镇、藩等九畿，《周礼》记载九畿内的人民是皆需缴纳一定贡赋的；"地官"中还有"闾师"，"掌国中及四郊之人民、六畜之数，以任其力，以待其政令，以时征其赋"，掌管着王城及四郊人民的赋税征收，这是《周礼》中的记载；其次，《左传》中也有子产云甸服"卑而贡重"的记载，都说明了当时王畿内是有贡的。

关于上述纷争与质疑，今人刘起釪提出了自己的看法，其认为"上面这些纷纭的说法都是多余的"，冀州原文并非赋在田前，也并非无贡，只是由于错简、脱简，才造成了这一段文字的情况，引起了诸多的歧解与纷争。诚然，纵观《禹贡》文本，各州文句都有一定的叙述顺序，首先介绍各州疆域、山川及有关要地，中间依次是厥土、厥田、厥赋、厥贡，有的厥土前后还会附其草木情况，

---

① 顾颉刚、刘起釪：《尚书校释译论》，北京：中华书局，2005 年，第 543 页。

② 顾颉刚、刘起釪：《尚书校释译论》，北京：中华书局，2005 年，第 543、544 页。

③ 顾颉刚、刘起釪：《尚书校释译论》，北京：中华书局，2005 年，第 544 页。

厥贡则附各种不同的物产，或篚或包，凡该州有少数民族的，则将该少数民族的贡物、亦以厥篚或厥包的形式叙在厥贡之内，最后为贡道，所有各州都遵此次序，几乎没有一州例外，然冀州却乱了，首先，"厥赋"错简到了"厥田"前，其次又脱失了"厥贡"的简文，但仍保留了有关贡文中"鸟夷皮服"的内容，其实它与下文青州"厥贡"中的"莱夷作牧"、徐州"厥贡"中的"淮夷蠙珠暨鱼"、扬州"厥贡"中的"鸟夷卉服"等句是一样的，可知冀州原文也是有"厥贡"的，因为脱简才造成了这样的情况，由于《史记·夏本纪》中文本记载已是如此，可知从先秦传至西汉的本子已是这样的错简、脱简了，而经师们纷纭的解释，显然亦是妄说，只因震于它是"经文"，故一定要从中寻出合理的解释。

第四节 "鸟夷皮服"释考

由于脱简的缘故，冀州无"厥贡"及内容，然文末有"鸟夷皮服，夹右碣石入于河"句。"夹右碣石入于河"为贡道，故"鸟夷皮服"当为此州贡物，然关于其释义，历来经师说法不一。

一、"鸟夷"考

1. "鸟夷"还是"岛夷"。汉《史记》、《汉书》、郑玄、王肃等皆作"鸟夷"，马融则作"岛"，云："岛夷，北夷国。"[1] 伪孔传作"鸟"，然读作"岛"，云："海曲谓之岛。居岛之夷……"[2] 海曲即海边的意思，"岛夷"是生活在海滨的少数民族；孔疏则径读作"岛"，云："岛是海中之山，《九章算

---

① （汉）孔安国传，（唐）孔颖达疏：《尚书正义》，北京：北京大学出版社，1999 年，第137 页。

② （汉）孔安国传，（唐）孔颖达疏：《尚书正义》，上海：上海古籍出版社，2007 年，第196 页。

术》所云'海岛邈绝，不可践量'是也。"①并释伪孔"海曲谓之岛"云："谓其海曲有山，夷居其上。此居岛之夷……"②不同于伪孔之说。此后学者亦多写作"岛"，如唐人杜佑，宋人苏轼、林之奇、蔡沈、薛季宣，元人吴澄，清人王鸣盛、胡渭，今人姚明辉、李长傅、江灏、钱宗武、樊东、黄怀信等，一般释作北部、东部或东北部海岛上或沿海的少数民族；亦有少数作"鸟夷"者，如唐人张守节，清人王先谦，今人顾颉刚、刘起釪、慕平等。

　　2.岛（鸟）夷的地理位置。作"鸟夷"者，一般认为是居住在中国东部或东北部的少数民族，如胡渭《锥指》云："《史记正义》以靺鞨为鸟夷，引《括地志》云：靺鞨国，古肃慎也。在京东北万里已下，东及北各抵大海，其人多勇力，善射，弓长四尺如弩，矢用楛，长一尺八寸，青石为镞。"③以生活在东北或东部靠海的靺鞨族（古肃慎族）为鸟夷；作"岛夷"者比较复杂，多数者认为是居住在中国北部、东方或东北部沿海或岛上的少数民族，如江灏、钱宗武："岛夷，住在东方海岛上的外族。"④李长傅："岛夷，当指冀州沿海之少数民族而言，殆为古代居住在辽东湾沿岸之貉族（貊族）。"⑤王世舜："岛，海中之山。此当指沿海地区。夷：古人称东方边远地区的人为夷。"⑥还有认为"岛夷"位置遥远，如胡渭："按海中之山，水绕其四面，斯谓之岛。岛夷唯倭、韩可以当之，濊貊、肃慎等国，止东面临大海，余皆通陆，不得为岛夷。"⑦反驳了濊貊、肃慎说，认为"岛夷"……"唯倭、韩可以当之"。"倭"即古代日本，"韩"是三韩，为古朝鲜南部的马韩、辰韩、弁韩三个小部落。今人姚明

① （汉）孔安国传，（唐）孔颖达疏：《尚书正义》，上海：上海古籍出版社，2007年，第196页。

② （汉）孔安国传，（唐）孔颖达疏：《尚书正义》，上海：上海古籍出版社，2007年，第196页。

③ （清）胡渭：《禹贡锥指》，上海：上海古籍出版社，2013年，第60页。

④ 江灏、钱宗武：《今古文尚书全译》，贵阳：贵州人民出版社，1990年，第71页。

⑤ 李长傅：《禹贡释地》，郑州：中州书画社，1982年，第35页。

⑥ 王世舜、王翠叶：《尚书》，北京：中华书局，2021年，第58页。

⑦ （清）胡渭：《禹贡锥指》，上海：上海古籍出版社，2013年，第60页。

煇:"岛夷之远,当在冰洋、千岛群岛,亦岛夷之一种。"① 胡、姚之说皆超出了《禹贡》叙述的地理知识范围。

3."鸟夷"而非"岛夷"。冀州其实应作"鸟夷",关于这一点,可以从三方面来说明。

首先,从字形流变上来看。清人牟庭《同文尚书》:"《夏本纪》用真孔古文,作'鸟夷',《地理志》用三家今文,亦作'鸟夷',马、郑、王皆东汉古文,亦作'鸟夷'。则此字旧皆作'鸟',与扬州'岛夷'异矣。"② 王先谦考证后亦云:"今、古文作'鸟夷皮服'者,《夏纪》、《汉志》如此。《说苑》、《大戴礼》同。……自伪孔误读'鸟'为'岛',卫包径改作'岛',宋开宝中,并《释文》两'鸟'字亦改为'岛'矣。"③ 可知东汉今古文皆作"鸟";孔疏云伪孔误读"鸟"为"岛",颜师古注《汉志》"鸟夷",云:"此东北之夷,搏取鸟善,食其肉而衣其皮也。一说……被服、容止皆象鸟也。"④ 可见直到唐初时,儒者还是普遍认同冀州"鸟夷"的,然到了唐玄宗天宝年间,卫包奉诏以今文(楷字)改定古文《尚书》,便径改"鸟"作"岛",之后开成石经依照此改订本刊刻,作读经者抄录校对的标准,故之后的各本《尚书》皆作"岛夷";到了宋太祖开宝年间,陈鄂奉诏刊定《经典释文》,也一并将《禹贡》冀、扬二州之"鸟"字都改为了"岛"字,如今人黄怀信、李学勤等《尚书正义》整理本,皆引《释文》云:"岛,当老反,马云:'岛夷,北夷国。'"⑤ 便是此例。郑玄、王肃皆承马融之学,两家本子和注释皆作"鸟夷",故马本亦原作"鸟夷",牟庭、王先谦亦皆云马作"鸟夷",此当为正解。

① 李长傅:《禹贡释地》,郑州:中州书画社,1982年,第35页。
② (清)牟庭:《同文尚书》,《续修四库全书》本,上海:上海古籍出版社,2002年,第47册,第164页。
③ (清)王先谦:《尚书孔传参正》,北京:中华书局,2011年,第252页。
④ 顾颉刚:《鸟夷族的图腾崇拜及其氏族集团的兴亡》,《史前研究》,2000年9月,第149页。
⑤ (汉)孔安国传,(唐)孔颖达疏:《尚书正义》,北京:北京大学出版社,1999年,第137页。

其次，古籍中也有关于"鸟夷"的记载，如《大戴礼记·五帝德》："帝舜……举贤而天下平。南抚交阯、大、教，鲜支、渠廋、氐、羌，北山戎、发、息慎，东长鸟夷、羽民。"① 提到了居于东方的"鸟夷"；《史记·五帝本纪》："禹……定九州，……方五千里，至于荒服。南抚交阯、北发，西戎、析枝、渠廋、氐、羌，北山戎、发、息慎，东长、鸟夷。四海之内咸戴帝舜之功。"② "鸟夷"为居于四海之内的东方少数民族；西汉刘向《说苑·修文》："禹陂九泽，通九道，定九州，各以其职来贡，不失厥宜。方五千里，至于荒服。南抚交趾、大发，西析支、渠搜、氐、羌，北至山戎、肃慎，东至长夷、岛夷。四海之内，皆戴帝舜之功。"③ 据顾颉刚考证，"《说苑》的本子也被后人依着唐代所改的《禹贡》，写作'岛夷'而已"④，《辨物》又云："八荒之内有四海，四海之内有九州……两河间曰冀州，河南曰豫州……"⑤ "九州"在四海之内，故冀州"鸟夷"也当在陆地而非海岛上。

再者，从"鸟（岛）夷"居住地来看，郑玄、王肃等以"鸟夷"为居住在东方或东北的少数民族；伪孔："海曲谓之岛。居岛之夷，还服其皮，明水害除。"⑥ 海曲即海隅、海湾的意思，应相当于今天的半岛，居岛之夷，洪水过后，还服其皮，此时的"岛夷"还是居住在陆地上的；孔疏承伪孔之说，然云："传云'海曲谓之岛'，谓其海曲有山，夷居其上。此居岛之夷……"⑦ 将原作地貌特征的"海曲"作地名海曲县；海曲县为今山东日照市东港区的古城，

① 高明：《大戴礼记今注今译》，台北：台湾商务印书馆，1972 年，第 241 页。

② 许嘉璐：《二十四史全译·史记》，上海：汉语大词典出版社，2004 年，第 10 页。

③ 向宗鲁：《说苑校证》，北京：中华书局，1987 年，第 490 页。

④ 顾颉刚：《鸟夷族的图腾崇拜及其氏族集团的兴亡》，《史前研究》，2000 年 9 月，第 150 页。

⑤ 向宗鲁：《说苑校证》，北京：中华书局，1987 年，第 445 页。

⑥ （汉）孔安国传，（唐）孔颖达疏：《尚书正义》，上海：上海古籍出版社，2007 年，第 196 页。

⑦ （汉）孔安国传，（唐）孔颖达疏：《尚书正义》，上海：上海古籍出版社，2007 年，第 196 页。

"岛"作海中之山，并引《九章算术》云"岛夷"为"居岛之夷"。及至后世，学者便径作"岛夷"了，如杜佑、吴澄、胡渭等，将本在大陆上的居民强迫移徙到海岛上去了，姚明辉更是将冰洋、千岛群岛等，作为"岛夷之一种"，不仅超出了《禹贡》论述的地理范围，亦不符《禹贡》本义，如《禹贡》序言明言："禹别九州，随山浚川，任土作贡。"孔疏云："禹分别九州之界，随其所至之山，刊除其木，深大其川，使得注海。水害既除，地复本性，任其土地所有，定其贡赋之差。"① 可见传说中的大禹治水与其划分九州是密切相关的，"岛夷"若居住在海岛，与传说中的大禹治水有何关联呢？此外，宋人傅寅《禹贡说断》中亦云："舜之世，九州之内盖有蛮夷，与吾民错居境内，冀、扬之岛夷，青州之莱夷，徐州之淮夷，梁州之和夷是也。"② 说明"鸟夷"是生活在九州之内与"吾民错居"者，其区域应仅限于大陆，而并不及于海岛。大致来说，"鸟夷"一般认为是居住在中国东部或东北部的少数民族，唐张守节《史记正义》以靺鞨为鸟夷，并引《括地志》云："靺鞨国，古肃慎也。在京东北万里已下，东及北各抵大海，其人多勇力，善射，弓长四尺如弩，矢用楛，长一尺八寸，青石为镞。"③ 靺鞨即古肃慎族，是生活在中国东北广大区域内的少数民族，宋人薛季宣、今人李长傅等赞同此说，此为是。

4. "鸟夷"释义。"鸟夷"，一种认为是东北搏食鸟兽的少数民族，如郑玄云："鸟夷，东方之民，搏食鸟兽者也。"④ 一种认为是居于海曲（今山东日照市东港区大古城）、举止打扮容貌如鸟的少数民族，如《汉志》颜师古注：

---

① （汉）孔安国传，（唐）孔颖达疏：《尚书正义》，北京：北京大学出版社，1999 年，第132 页。

② （清）纪昀、陆锡熊、孙士毅等：《景印文渊阁四库全书》，台北：台湾商务印书馆，1986 年，第 57 册，第 121 页。

③ （清）胡渭：《禹贡锥指》，上海：上海古籍出版社，2013 年，第 60 页。

④ （汉）孔安国传，（唐）孔颖达疏：《尚书正义》，上海：上海古籍出版社，2007 年，第196 页。

"……一说，居在海曲，被服容止皆象鸟也。"① 第三种，则认为"鸟夷"为我国东方或东北原以鸟为图腾的少数民族。如刘起釪认为《左传·僖公二十年》中"风姓（即凤姓）的太皞氏"、《左传·昭公十七年》中"纪于鸟的少皞氏"，以及《诗经·玄鸟》中"玄鸟降生的殷商族"等等，"都是鸟夷"，至于"《后汉书·东夷传》载天降下鸡卵所生的夫余族及其祖先肃慎族，就更是《禹贡》冀州的鸟夷。"② 今人慕平亦云："鸟夷：古代居住在东北地区的民族，以鸟为图腾，故名。"③ 童书业先生曾作《鸟夷说》，以鸟夷为我国古代东方以鸟为图腾的部族，这些说法都是很有可能的。图腾崇拜是原始社会世界各民族普遍存在的文化现象，在这一时期，每一个氏族都选择一种动植物或者非生物作为自己的图腾，对它进行尊崇膜拜，相信这个图腾是自己一族的祖先，自己的生命是从图腾来的。图腾崇拜与其说是对动植物的崇拜，还不如说是对祖先的崇拜，因此对于崇奉同一图腾的人也认为有一种亲属关系的存在，这图腾的名称便成为全民族的称号。上古时代，山东、河北是鸟类汇聚的地方，鸟夷善于捕鸟为食，并以鸟羽为衣饰，为了捕鸟，还模仿各种鸟的叫声，诱鸟入网，或用弓箭去射鸟，直到现在，我国东北属于古东夷族的一支——鄂伦春族和鄂温克族，还仿鹿鸣的声音诱鹿来，以便捕杀，又仿鸟的叫声诱鸟。今天出土的陶鬶，是东夷大汶口文化、龙山文化阶段的典型器物，其造型都是鸟的形象，如 1960 年潍坊姚官庄出土的龙山文化红陶锥足鬶、龙山文化橙黄陶乳钉纹鬶，1976 年春青州赵铺龙山文化遗址 8 号灰坑出土的鸟形陶鬶等，都是模仿鸟来设计的。

二、"鸟夷皮服"释义

"鸟夷皮服"，历来大致有两种解释：

---

① （清）皮锡瑞：《今文尚书考证》，北京：中华书局，2009 年，第 138 页。
② 顾颉刚、刘起釪：《尚书校释译论》，北京：中华书局，2005 年，第 548 页。
③ 慕平：《尚书》，北京：中华书局，2009 年，第 53 页。

1."鸟夷皮服"：以鸟兽毛皮为衣服的少数民族。如伪孔传："居岛之夷，还服其皮，明水害除。"① 孔疏："居岛之夷，常衣鸟兽之皮，为遭洪水，衣食不足，今还得衣其皮服，以明水害除也。"② "鸟夷皮服"为穿鸟兽毛皮的居岛之夷，且将服皮与治水相关联，这是错误的。

2."鸟夷皮服"：鸟夷以"皮服"作贡物，如林氏《全解》："岛夷皮服者，言水害既除，海曲之夷，献其皮服也。"③《蔡传》："海岛之夷，以皮服来贡也。"④ 这是正确的释义，原因有二：首先，鸟夷要入贡"皮服"，这是编撰《禹贡》九州篇用意的体现，因其目的是要缴纳赋贡；其次，鸟夷族所生活的古代辽东半岛乃至整个东北地区一直都以产名贵毛皮而著称，如《尔雅·释地》："东北之美者，有斥山之文皮焉。"⑤《后汉书·东夷传》："古肃慎之国也。……东滨大海，南与北沃沮接，不知其北所极。土地多山险。……有五谷、麻布，出赤玉、好貂……"⑥ 今天大连郭家村遗址出土的大量的野生动物遗骸，如黑鼠、豹、貉、野猫、狼、熊、斑鹿、马鹿、獐、鹿等，就说明这些地区古代野生动物是很多的；很多动物的毛皮皆可制裘，如《后汉书·乌桓鲜卑列传》中记鲜卑山（今内蒙古、大兴安岭一带）："又有貂、豽、鼲子，皮毛柔蠕，故天下以为名裘。"⑦ 刘起釪先生也认为，"其皮服之种类，最著者为貂，次则狐狸……虎、文豹等的皮毛以及畜牧的羊、骆驼等的皮毛。既有这些特产，所以《禹贡》作者就把它列为贡品。"⑧ 而古籍中也有大量贵族服用毛皮为裘的

---

① （汉）孔安国传，（唐）孔颖达疏：《尚书正义》，上海：上海古籍出版社，2007年，第196页。

② （汉）孔安国传，（唐）孔颖达疏：《尚书正义》，上海：上海古籍出版社，2007年，第196页。

③ （清）胡渭：《禹贡锥指》，上海：上海古籍出版社，2013年，第59页。

④ （宋）蔡沈：《书集传》，南京：凤凰出版社，2010年，第43页。

⑤ （晋）郭璞注，（宋）刑昺疏：《尔雅注疏》，北京：北京大学出版社，1999年，第193页。

⑥ （南朝·宋）范晔：《后汉书》，北京：中华书局，1999年，第1900页。

⑦ （南朝·宋）范晔：《后汉书》，北京：中华书局，1999年，第2019页。

⑧ 王青：《禹贡"鸟夷"的考古学探索》，《北方文物》，1995年第4期。

记载，如《诗经·大东》："舟人之子，熊罴是裘。"[1] 用熊皮、马熊皮制成皮袍；《都人士》："彼都人士，狐裘黄黄。"[2] 用狐狸毛皮作的皮袍等，这些都取自贡物。直到明清时期，东北各族如鄂温克、达斡尔、鄂伦春等族仍是以渔猎为主要生产方式，兼营农耕、畜牧业等，清政府对其采取招抚政策，建立旗佐制度，对东北各族进行统一管辖，当地各族亦相继以貂皮等贡，次第归附，直到今天，东北的貂皮、狐狸皮等各种毛皮，既是生活的重要资源，也是交易中的重要物品。

此外，还有将"皮服"释作纹身者，如金履祥："皮服即《尔雅》所谓东北方之文皮者。"[3] 这是一不同于各说的释义，较为牵强，暂且不论。

---

[1] 程俊英：《诗经译注》，上海；上海古籍出版社，2004年，第344页。

[2] 程俊英：《诗经译注》，上海；上海古籍出版社，2004年，第391页。

[3] （清）胡渭：《禹贡锥指》，上海：上海古籍出版社，2013年，第59页。

第二章

兖州赋贡研究

第一节 兖州土壤简析

兖州的土壤是"黑坟"。"黑"为黑色，"坟"，历来释义大致有三：

一、坟：膏肥。如马融："坟，有膏肥也。"[①]清人江声："郑注《周礼·草人》云：'坟壤润解。'然则坟是土之润泽者，故云有肥膏也。"[②]云"坟"是松软肥沃的土壤；孙星衍从字音的角度，云："坟、肥声之转，故《汉·地理志》'壤坟'，应劭读坟为肥。《太平御览》引《仓颉解诂》云：'膹，臛多潒也。'坟音近膹。"[③]认为坟、肥、膹音近，"坟"即肥、膹，膹本是肉羹义，故这里都是指肥沃膏腴的土壤。

二、坟：高起。这里的"高"有两层含义：

1.土质疏松、隆起。如汉人郑众云："坟壤，多坌鼠也。"[④]从字音的角度，认为"坟"同"坌"，坟壤为蚡鼠多的土壤。清人朱骏声在郑说的基础上，从蚡鼠的一些生活习性出发，认为"蚡鼠能穿地起土，故谓之瀚然而起者为坟。"[⑤]蚡鼠常于地下掘土生活，经蚡鼠掘过的土壤疏松隆起，故"坟"有高起义；此外，还有学者举《左传·僖公四年》"公祭之地，地坟"，释"坟"义，如《全解》："此州之土以色别之，则黑；以性别之，则坟。坟者，土膏脉起也。左氏《传》曰：'公祭之地，地坟。'是知坟者，起之称也。"[⑥]"地坟"原义是指鸩毒性烈使地高起来，用在这里表示土壤疏松、隆起的意思。此外，《蔡

① 顾颉刚、刘起釪：《尚书校释译论》，北京：中华书局，2005年，第558页。

② 顾颉刚、刘起釪：《尚书校释译论》，北京：中华书局，2005年，第559页。

③ （清）孙星衍：《尚书今古文注疏》，北京：中华书局，2017年，第148页。

④ 顾颉刚、刘起釪：《尚书校释译论》，北京：中华书局，2005年，第558页。

⑤ 顾颉刚、刘起釪：《尚书校释译论》，北京：中华书局，2005年，第559页。

⑥ （清）纪昀、陆锡熊、孙士毅等：《景印文渊阁四库全书》，台北：台湾商务印书馆，1986年，第55册，第147页。

传》："坟，土脉坟起也。如左氏所谓'祭之地，地坟'是也。"① 皆是这一含义。

2.地势高大或起伏不平。如汉代扬雄："坟，地大也，青、幽之间凡土而高且大者谓之坟。"② "坟"为高大广阔的土地；明人田汝成："坟，土之大而高者。九州惟兖、青、徐三州称坟。"③ 亦是此义。此外，黄怀信："坟：犹陵，高起。"④ 樊东："坟，这里指高低不平。"⑤ 都是从地势的角度释义。

三、坟：肥沃、高起的土地，综合上述两说。如郑玄云："坟壤，润解。"⑥ 又注《礼记·檀弓》："土之高者曰坟。"⑦ 分别释"坟"为松软、高起义，综合了上述两说。今人辛树帜认为："坟为高起之地而有膏肥，似指丘陵土壤而不尽肥沃；填坟显指黏质丘陵土壤。考其所在，则兖为今之山东西部，丘陵地多为棕壤；惟禹贡称兖州'厥草惟繇，厥木惟条'，想见当时草长林茂，土壤中黑色腐植质必多，或于古代为灰棕壤，即所称黑坟。"⑧ 古兖州主要为今山东西部地区，丘陵较多，故从地势的角度，具有"坟"的高义；其次，兖州草木植被丰富，土壤中黑色腐殖质较多，故又有"坟"的膏肥、疏松义，故"黑坟"当是肥沃、高起的黑色土壤。这是正确的释义，也是兖州"黑坟"形成的主要因素。此外，还有一种解释，如张汉洁引《说文》："兖字本作沇，……山间陷泥地……九州之渥地也。"⑨ 从"兖"之字形、来历和该州的地理特点出发，认为"黑坟"当是兖州山林低凹地区经水流溶积而成的土壤，此说也有一定的合理

---

① （宋）蔡沈：《书集传》，南京：凤凰出版社，2010年，第45页。

② 顾颉刚、刘起釪：《尚书校释译论》，北京：中华书局，2005年，第558页。

③ 顾颉刚、刘起釪：《尚书校释译论》，北京：中华书局，2005年，第559页。

④ 黄怀信：《尚书注训》，济南：齐鲁书社，2002年，第67页。

⑤ 樊东：《尚书译注》，上海：上海三联书店，2013年，第24页。

⑥ （清）孙星衍：《尚书今古文注疏》，北京：中华书局，2017年，第148页。

⑦ 顾颉刚、刘起釪：《尚书校释译论》，北京：中华书局，2005年，第558页。

⑧ 李民、王健：《尚书译注》，上海：上海古籍出版社，2021年，第62页。

⑨ 张汉洁：《我国古代对"土壤地理"的研究和贡献》，《土壤学报》，1959年第7期。

性。兖州主要为今河南东北、河北南部、山东西部区域，其北面是泰山，以西较远处是太行山，从宏观上看，可谓两山相夹的山谷地带；兖州还是河、济两大水系间的区域，是黄河下游的低洼地区，《禹贡》"兖州章"云："九河既道，雷夏既泽，灉、沮会同"，即黄河下游的九条支流在此被疏导，雷夏在此汇流成泽，灉、沮二水在此地汇合，可知兖州域内水流众多，河道遍布；其实除上述河流外，兖州西部还有汶水，东部有泗水，中部洸府河、杨家河二水并行，大小河流纵横；兖州地势低下，年降雨量丰富，故历史上发生水涝灾害的频率也很高，如《禹贡》所记禹治水的事迹，学者就普遍认为主要发生在兖州一带，之后历史上的水患更是该地区经常存在的严重问题，故兖州土壤湿度大，含水量高，长此以往，就形成了该州较有特点的土壤类型，如万国鼎《中国古代对于土壤种类及其分布的知识》一文中，认为"坟"就是《周礼·草人》中的"坟壤"，其引《氾胜之书》后云："北方冬季冷，土壤下层水分蒸发上升，到表层遇冷，凝结成水，表层水分逐渐增加，严寒时结成冰；春季渐暖时，反复融解和结冰，把土块分裂成结构，体积增加了，因此向上坟起，……这个同时说明了坟起和润解。这样的土壤会是肥美的，和马说'有膏肥'也是符合的。"[1] 此外认为这种土壤有可能是黏壤。陶希圣《古代的土壤及其所宜的植物的记载》一文中，认为"坟"就是"潮湿了便'屯'起来"的土，从另一个角度解释了"坟"润解、高起和肥沃的特点，不过与水的关系更为密切，是在温度和水的作用下发生变化的一种土壤。中国科学院地理研究所编的《中国省区地理》中云："胶东半岛和鲁中南的东南部……发育着棕壤，鲁中南的西北部……为淋溶褐土。"[2] 淋溶土，指湿润土壤水分状况下，石灰充分淋溶，具有明显黏粒淋溶和淀积的土壤，由于农民常在其上施用大量肥料而使土壤较肥沃，因此土壤肥力较高。兖州植被丰富，土壤中黑色腐殖质较多，故呈褐色，故淋溶褐土亦是"黑坟"。综合而言，"黑坟"当为胶东半岛和鲁中南的东南部和西北部丘陵地所发育的山地森林棕壤和淋溶褐土。

---

① 万国鼎：《中国古代对于土壤种类及其分布的知识》，《南京农业学院学报》，1956年。

② 顾颉刚、刘起釪：《尚书校释译论》，北京：中华书局，2005年，第578页。

第二节 兖州之赋问题研究

兖州"厥田惟中下",伪孔:"田第六。"① 田第六等,学者对此无异议,然赋等,《禹贡》继云:"厥赋贞作十有三载乃同",对这句话的断句释义,历来聚讼纷纭,大致来说,主要集中于以下几点:

一、"厥赋贞作十有三载乃同"的断句

皮锡瑞《今文尚书考证》引《史记》作"赋贞作,十有三年乃同。"② 无"厥"字,"载"作"年",为训诂字,"贞作"连读;郑玄将"贞"连下句读,作"贞作十有三载",并注云:"贞,正也。治此州正作不休十三年,乃有赋与八州同,言功难也,其赋下下。"③(裴骃《夏本纪·史记集解》引);孙星衍《尚书今古文注疏》云:"郑康成曰:'贞,正也。治此州正作不休,十三年乃有赋,与八州同',……云'贞,正也'者,《子夏易传》云:'贞,正也。'云'沿此州正作不休'者,读'厥赋贞作'为句,以作为耕作也。应劭注《汉书》云:'东作,耕也。'盖兖州被水害最深,故成赋最后,十三年乃有赋也。"④ 谓郑玄从"厥赋贞作"断句,云"治此州正作不休,十三年乃有赋……",不同于《集解》所载,已失郑意,并引《子夏易传》,释"贞"为正,"作"为耕作;王鸣盛亦引郑玄,云:"此'贞作'自是谓使民自治其田。"⑤ 清人王先谦《尚书孔传参正》引王先慎云:"据郑注,当连下'作'字为句,训'作'为治水者,误。《禹贡》言'作',皆谓耕作。……九州之赋

---

① (汉)孔安国传,(唐)孔颖达疏:《尚书正义》,北京:北京大学出版社,1999年,第140页。

② (清)皮锡瑞:《今文尚书考证》,北京:中华书局,2009年,第142页。

③ 顾颉刚、刘起釪:《尚书校释译论》,北京:中华书局,2005年,第562页。

④ (清)孙星衍:《尚书今古文注疏》,北京:中华书局,2017年,第149页。

⑤ (清)王鸣盛:《尚书后案》,北京:北京大学出版社,2012年,第111页。

惟缺下下，沇赋至少，固当第九。"[1]亦云"厥赋贞作"，然释"贞"为赋等下下，"作"为耕作。

然学者多从"厥赋贞"断句，如伪孔、孔疏、颜师古、宋人苏轼、叶梦得、蔡沈、刘敞，清人胡渭、牟庭、简朝亮及今人学者，此为是。关于这一点，我们可以由《禹贡》体例上得知，试看《禹贡》余八州赋等：冀州：厥赋惟上上错（一等，杂出二等），青州：厥赋中上（四等），徐州：厥赋中中（五等），扬州：厥赋下上（七等），荆州：厥赋上下（三等），豫州：厥赋错上中（杂用二等），梁州：厥赋下中三错（八等，杂出六、九等），雍州：厥赋中下（六等），八州"厥赋"后皆为等级，故兖州"厥赋"后也当为等级，如此方符合《禹贡》体例，若从"厥赋"或"厥赋贞作"断句，以"贞"修饰"作"，谓"此州正作不休十三年"，或"自是谓使民自治其田"，则赋等不明；王先谦等以"贞"为赋等下下，"作"为耕作，"贞作"连读，则句式杂糅混乱，不成句子，且八州无赋等后言"作"者，故"贞作"当分开，谓"厥赋贞，作十有三载乃同"。

二、"贞"释义

《禹贡》八州赋等明晰，惟兖州赋等"贞"，不同于余州，故关于"贞"的释义，历来可谓众说纷纭。

郑玄释"贞"为正，孙星衍云古籍《子夏易传》亦释"贞，正也"[2]，故后世学者多从此释，然其在"正"的对象和意义上有所区别，大致来说，有以下几种说法。

（一）赋第九，正与州相当。如伪孔："贞，正也。州第九，赋正与州相

---

① （清）王先谦：《尚书孔传参正》，北京：中华书局，2011年，第257页。

② （清）孙星衍：《尚书今古文注疏》，北京：中华书局，2017年，第149页。

当。"①孔疏承伪孔云:"《周易》彖、象,皆以'贞'为正也。诸州赋无下下,贞即下下,为第九也。此州治水最在后毕。州为第九成功,其赋亦为第九。列赋于九州之差,与第九州相当,故变文为'贞',见此意也。"②认为兖州最后治水成功,州第九,赋亦当为第九,"贞"为"下下"的变文;颜师古、林之奇、今人屈万里等赞同此说,亦多从治水的角度去谈;今人李长傅《禹贡释地》云:"孔安国说:'田第六。贞,正也。州第九,赋正与九相当。'兖州低下多水患,故田列第六。贡物的运输溯济、漯二水及河。逆水上溯甚难,故赋最低,列第九。"③认为兖州贡道为水运,贡物逆流而上,运输困难,故赋等列为最低第九等。

（二）赋第六,正与田相当。苏轼《书传》:"贞,正也。赋随田高下,此其正也。……此州田中下,赋亦中下,田赋皆第六,故曰贞。"④认为赋随田高下,田中下,赋亦当为中下第六;宋人刘敞亦认为:"田中下而言'厥赋贞',乃第六,明矣。"⑤宋人史浩等亦有类似的表述。然此说为林之奇所反对,其认为"雍州之赋出第六,而兖州之赋不应又出于第六也"⑥,先儒"谓兖州第九,赋正与九相当者。"⑦然王先谦《参正》引清人何焯反驳云:"赋乃与田正当,不谓与州也。"⑧清人俞樾亦云:"《广韵》曰:正,正当也。厥田中下,厥赋亦中下,赋正与田相当。"⑨

（三）薄为正,"贞"为下下第九等。宋人叶梦得云:"九州之赋无下下,

---

① （汉）郑玄注,（唐）孔颖达疏:《尚书正义》,上海:上海古籍出版社,2007年,第200页。

② （汉）郑玄注,（唐）孔颖达疏:《尚书正义》,上海:上海古籍出版社,2007年,第200页。

③ 李长傅:《禹贡释地》,郑州:中州书画社,1982年,第40页。

④ 顾颉刚、刘起釪:《尚书校释译论》,北京:中华书局,2005年,第563页。

⑤ （清）王先谦:《尚书孔传参正》,北京:中华书局,2011年,第257页。

⑥ 顾颉刚、刘起釪:《尚书校释译论》,北京:中华书局,2005年,第563页。

⑦ （宋）林之奇:《尚书全解》,北京:人民出版社,2019年,第126页。

⑧ （清）王先谦:《尚书孔传参正》,北京:中华书局,2011年,第257页。

⑨ 郭仁成:《尚书今古文全璧》,长沙:岳麓书社,2006年,第49页。

赋以薄为正，则贞谓下下也。"① 蔡沈亦云："田第六等，赋第九等。贞，正也。兖赋最薄，言君天下者以薄赋为正也。"② 认为赋以薄为正，"贞"为正，故兖州赋当为最薄下下最低等。宋人曾旼、元人黄镇成等亦持此说，然此释遭到儒者的反对，如陈大猷《或问》驳之云："以薄为正，岂他州之赋皆非其正乎？孟子言'轻于尧舜者为貉道，重于尧舜者为桀道。'故古人以十一为天下中正，岂但取于薄乎。皆失牵强，故缺以待知者。"③ 胡渭《锥指》亦云："《蔡传》云：兖赋最薄。言君天下者以薄赋为正也。（说本曾氏。）然则他州之赋皆不正乎。袁良贵曰：什一者，尧舜中正之法。重则桀，轻则貉，谓赋以薄为正。殊非大道。"④ 反驳了"以薄为正"的说法，认为赋税过重或过轻皆非大道，"贞"作"薄赋"，解释牵强。

（四）贞：正出本等，无交错之名。宋人薛季宣《书古文训》："贞，无交错之名也。九州之赋交正庶土，用相补除。……兖州正出本等，无补除也。"⑤ 九州赋等有交错者，如冀州"厥赋惟上上错"，豫州"厥赋错上中"，梁州"厥赋下中三错"，"错"为上下浮动、杂出其他等级，兖州"厥赋贞"为无需补除、正出本等的意思。

（五）贞：正、一。胡渭《锥指》云："韩康伯注《易》贞胜曰：贞，正也，一也。贞训正，兼有一义。厥赋贞，谓十二岁之中，赋法始终如一也。盖禹制五亩之税，视岁之丰凶以为多寡，而兖独有异，受患最深，垦辟不易，禹……宽以待之。至一纪之后，第十三载，然后赋法同于他州，亦视其丰凶以为多寡也。九州之赋，唯缺下下。兖赋至少，固当第九，而经不言下下，何也？兖赋法异于他州，言贞，则其义见；言下下，则其义不见。故不曰厥赋惟下下，而曰厥

---

① 顾颉刚、刘起釪：《尚书校释译论》，北京：中华书局，2005 年，第 563 页。

② （宋）蔡沈：《书集传》，南京：凤凰出版社，2010 年，第 45 页。

③ 顾颉刚、刘起釪：《尚书校释译论》，北京：中华书局，2005 年，第 563 页。

④ （清）胡渭：《禹贡锥指》，上海：上海古籍出版社，2013 年，第 78、79 页。

⑤ 顾颉刚、刘起釪：《尚书校释译论》，北京：中华书局，2005 年，第 563 页。

赋贞也。……《易·文言》曰：贞固足以干事。是贞亦兼有固义。……贞皆其不动不变者，厥赋贞，当作此解。"①训"贞"为正、一、固定不变的意思，"厥赋贞"为兖州十二年中赋法始终如一。兖州水患最重，整治不易，故赋税最低，且十二年不变，其赋法不同于他州，故不言"下下"而言"贞"，以区别于他州。

除训"贞"为正而寻出的一些解释外，"贞"还有其他解释：

（一）贞：卜问。胡渭《锥指》引朱氏云："贞者，随所卜而定之之名也。盖兖与他州不同，水患虽平，盈虚未卜，故必作十有三载，历历试之，然后得其一定之法，而赋始年年齐矣。"②近人简朝亮："凡岁计之时，赋者问岁之既往而定之，异乎卜者问岁之未来而定之也。"③都是将"贞"作卜问的意思，即根据年收成占卜问龟以定赋等。

（二）贞：侦探。近人杨筠如认为："贞即侦探之侦。《说文》：'贞，卜问也。'《广雅》：'侦，问也。'是其义相同。《晋语》'贞之无报也'，'贞'亦当为侦。《集韵》：'贞又作侦。'《周易》：'恒其德，贞。'《礼记·缁衣》贞作侦。贞、侦盖古今字，由卜问之义引申而为侦察之义也。'作'，当如'任土作贡'之作。'贞作'，即言作赋之事，谓侦察而作也。"④由"贞"卜问义引申出侦探、侦察的意思，其从"厥赋贞作"断句，谓"贞作"为言作赋之事，即侦察情况，视年收成情况而定赋等。

（三）贞：终。牟庭《同文尚书》："赋第九谓之贞者，元为始，贞为终。……赋之终殿为'赋贞'，其义同也。……上供薄少，则人情耻恶，故田可以言下下，而赋独变文而称贞耳。"⑤"元"为始，"贞"为终，"赋贞"即赋

---

① （清）胡渭：《禹贡锥指》，上海：上海古籍出版社，2013 年，第 78 页。

② （清）胡渭：《禹贡锥指》，上海：上海古籍出版社，2013 年，第 79 页。

③ 顾颉刚、刘起釪：《尚书校释译论》，北京：中华书局，2005 年，第 565 页。

④ 顾颉刚、刘起釪：《尚书校释译论》，北京：中华书局，2005 年，第 565 页。

⑤ 顾颉刚、刘起釪：《尚书校释译论》，北京：中华书局，2005 年，第 564 页。

终第九等，"贞"是"下下"的变文，上供薄少，面子上不好看，故改为好听的"贞"。

（四）贞：中。今人黄怀信《尚书注训》云："贞：同'中'。《利簋铭》'岁贞'亦即岁中，皆古'贞'、'中'互通之证。中，谓中中，第五等。"①释"贞"为"中"，赋等第五；樊东《尚书译注》亦云："贞：即'中'"，然又云："赋税是第九等。"②

由上可见，兖州赋"贞"释义可谓聚讼纷纭，刘起釪认为"这是一不易捉摸的问题，尽可由得各人驰骋自己的想法看法。"③我们从《禹贡》体例上来看，其将天下分为九州，田由上上至下下分为九等，除兖州外，余八州大致赋等次序为：冀州：上上错（一等），豫州：错上中（二等），荆州：上下（三等），青州：中上（四等），徐州：中中（五等），雍州：中下（六等），扬州：下上（七等），梁州：下中三错（八等），独缺下下第九等，故兖州赋等当为下下，刘起釪《尚书校释译论》中云："古人有喜欢'整齐故事'的习惯，对一些本来不那么整齐的事往往要把它编排得整整齐齐，于是九个州便要把它编排成九个等级，这实际是不可能符合客观的，我们不要为它所拘泥。"④然《禹贡》体例如此编排，便不能有一州例外，兖州赋等下下，故第五等、第六等、卜问、侦探、无交错等义便不确；不少儒者以兖州赋等为"下下"，然都从"贞"上寻其"下下"的依据，亦不确，兖州"厥赋"后不言"下下"而言"贞"，"贞"明显是一个误字，宋人马廷鸾《六经集传》中认为："贞字不过'下下'之误耳，不烦于贞字取义。"⑤金履祥《尚书表注》中解释云："贞，本'下下'篆文重字，

---

① 黄怀信：《尚书注训》，济南：齐鲁书社，2002 年，第 67 页。

② 樊东：《尚书译注》，上海：上海三联书店，2013 年，第 24、25 页。

③ 顾颉刚、刘起釪：《尚书校释译论》，北京：中华书局，2005 年，第 565 页。

④ 顾颉刚、刘起釪：《尚书校释译论》，北京：中华书局，2005 年，第 542-543 页。

⑤ 顾颉刚、刘起釪：《尚书校释译论》，北京：中华书局，2005 年，第 563 页。

但于字下从二。兖赋下下，古篆作'丅'，或误作'正'，遂讹为贞。"①古金文中重文常以"二"作标识，"下下"，古篆作"下二"，因竖体书写被误作"正"，又讹为"贞"，这是根据宋代发达的金石学成就所提出的卓见。马、金倡此说，元人陈栎又称引之，可见宋元以来颇重此说，今人裘锡圭《古书中与重文有关的误文》一文中云："前人早就指出，古书中的误文往往与重文的脱漏与误读等事有关……在周代金文里，重文通常用重文号'='代替……秦汉时代仍然如此（就抄书而言，其实直到唐代还常常如此）。……知道了古人表示重文的习惯，就可以纠正古书中与重文有关的一些错误。"②今《辞海》释"重文"，引汉《北海相景君铭》（刊刻于东汉时期的一方碑刻），云文中"再命虎将，绥元＝兮。'元＝'即'元元'。"③即为此例，可知近现代金石学常识亦足以印证此说的正确；此外，清儒沈彤，今人曾运乾、江灏、钱宗武等亦皆赞同此说，故"贞"当为"下下"的误写讹传，但各家震于它是"经"文，只能顺着它去解释，故都成了瞎子断匾似的妄说。

三、"作十又三载乃同"释义

"作"连下句读，则无主语亦无宾语，先秦古籍中有很多关于"鲧禹治水"或"禹治水"的记载，年数上亦说法不一，故歧解主要围绕在"作"，即"作"为治水还是治州，十三年为治水年数还是治州年数的争议上。

（一）治水说

伪孔传："治水十三年，乃有赋法，与他州同。"④孔疏承伪孔云："'作'者，役功作务，谓治水也。治水十三年，乃有赋法，始得贡赋，与他

---

① 顾颉刚、刘起釪：《尚书校释译论》，北京：中华书局，2005 年，第 564 页。
② 裘锡圭：《考古发现的秦汉文字资料对于读古籍的重要性》，《中国社会科学》，1980 年第 5 期。
③ 辞海编辑委员会：《辞海·语言文字分册》，上海：上海辞书出版社，1981 年，第 28 页。
④ （汉）郑玄注，（唐）孔颖达疏：《尚书正义》，上海：上海古籍出版社，2007 年，第 200 页。

州同也。……《尧典》言鲧治水九载，绩用不成，……舜乃举禹治水，三载功成，……此言'十三载'者，并鲧九载数之。《祭法》云'禹能修鲧之功'，明鲧已加功，而禹因之也。此言'十三载'者，记其治水之年，……非言十三年内皆是禹之治水施功也。"①释"作"为治水义，谓兖州治水十三年后，始得贡赋，同于他州；其引《尚书·尧典》《礼记》等说明十三年是治水的年数，包括鲧之九年和禹之三年。

自宋以来，不乏承此治水说者，惟在计算的年数上有所区别，如朱熹："禹治水八年，此言十三载者，通始治水八年言之，则此州水平其后他州五年欤？……禹用功处多在河，所以于兖州下记'作十有三载乃同'。此言等为治河也。"②谓禹治水八年后八州平，此言十三年者，为禹在治理兖州附近的黄河上用去五年；皮锡瑞《考证》云："《史记·河渠书》引《夏书》曰：'禹抑鸿水十三年，过家不入门。'郑说与《史记》合。马注曰：'禹治水三年，八州平……是十二年而八州平，十三年而兖州平。'十三年，并鲧九年数之，与《史记》说不同。"③《史记·河渠书》中记禹治水十三年，马融云禹治水三年，故皮氏认为《史记》与马说不同，而与郑说合，然郑玄谓"此州正作不休十三年"，明言十三年为治州年数，故郑说实与《史记》不合；《考证》又引《三国志·高堂隆传》曰："'昔在伊唐，世值阳九厄运之会，洪水滔天，使鲧治之，绩用不成，乃举文命，随山刊木，前后历年二十二载。'亦合禹之十三年与鲧九年计之，同《史记》说。"④《史记》禹之十三年，加上鲧之九年，合于《三国志》所载的二十二年，皮氏据此认为二说相合；此外，清末吴汝纶《经说》据《史记·夏本纪》说禹"劳神焦思在外十三年"，又云孟子说禹"八年在外三过其门"，以评马融说之不尽合，凡此种种，都是将传说中鲧禹治水的年数当作信史来推求，故皆不足为信。

---

① （汉）郑玄注，（唐）孔颖达疏：《尚书正义》，北京：北京大学出版社，1999年，第140、141页。

② 顾颉刚、刘起釪：《尚书校释译论》，北京：中华书局，2005年，第566页。

③ （清）皮锡瑞：《今文尚书考证》，北京：中华书局，2009年，第142页。

④ （清）皮锡瑞：《今文尚书考证》，北京：中华书局，2009年，第142页。

（二）治州（赋）说

早在郑玄释"贞作十又三载乃同"，谓"治此州正作不休十三年，乃有赋与八州同。"[1] 已明言十三年为治兖州的年数，后世学者亦多从此说，如苏轼："兖州河患最甚，故功后成，至于作十有三载。"[2] 十三年为水患后治州的年数；林之奇《尚书全解》云："说者多以十三载为禹治水所历之年……此文承于'厥赋贞'之下……是专为兖州之赋而言也。有盖兖州之赋必待十三载然后同于余州，非所谓此州治水至十有三载而后功成也。若果谓此州治水必至十三年而成功，则其文势不应在于'桑土既蚕，是降丘宅土'之下也。"[3] 其从《禹贡》体例出发，认为此句在"厥赋贞"之后，当是承赋而言，"桑土既蚕，是降丘宅土"之后，再言此州治水十三年而成功，不合逻辑；蔡沈认为："兖当河下流之冲，水激而湍悍，地平而土疏，被害尤剧。今水患虽平，而卑湿沮洳未必尽去，土旷人稀，生理鲜少，必作治十有三载，然后赋法同于他州。此为田赋而言，故其文属于'厥赋'之下。先儒以为禹治水所历之年……殊无意义，其说非是。"[4] 兖州河患最重，水平之后，地面低湿，难以居住生产，故必治州十三年后，赋法方同于他州，且此句在"厥赋"后，故当针对田赋而言；元人王充耘云："兖受患最深，水土既可耕作矣，又必宽之十三年，待其一纪之后，岁星一周，天道变于上，地力复于下，然后使供输比同于他州。盖因其受患之深，所以优恤之至。"[5] 释"作"为耕作义，认为兖州水患最重，水患过后，水土可以耕作，然尚需优恤宽之十三年，待地力恢复以后，贡赋才能同于他州，其中关于岁星一周十二年的占星家之说，是很不科学的；明人王樵亦认为"此句因田赋而言"，其云："'作'为耕作之作，乃合记田赋之通例。九州通例，记水土平治

---

[1] 顾颉刚、刘起釪：《尚书校释译论》，北京：中华书局，2005 年，第 562 页。

[2] （清）纪昀、陆锡熊、孙士毅等：《景印文渊阁四库全书》，台北：台湾商务印书馆，1986 年，第 54 册，第 518 页。

[3] （宋）林之奇：《尚书全解》，北京：人民出版社，2019 年，第 126 页。

[4] （宋）蔡沈：《书集传》，南京：凤凰出版社，2010 年，第 45 页。

[5] （清）胡渭：《禹贡锥指》，上海：上海古籍出版社，2013 年，第 78 页。

后，始及田赋，并无田赋之后又言治水。兖地虽最下，亦不应治水独至十三年之久也。注疏附合十三年之数尤凿。"[1] 亦从《禹贡》体例出发，认为"作"当为耕作，文中记水土平治后，始言田赋，并无田赋之后又言治水，且兖州虽然低下，亦不应治水达十三年之久，故治水说不确；此外，清人牟庭、胡渭、王鸣盛、俞樾、孙星衍、王先谦、王先慎，今人曾运乾、李长傅、江灏、钱宗武、樊东、慕平、屈万里等亦皆有类似的表述。

纵观《禹贡》全文，文中言"作"者有四处：冀州："大陆既作"、青州："莱夷作牧"、荆州："云梦土作乂"，以及此处，前三州"作"皆为"耕作"，故兖州"作"亦当为耕作义，非言治水；再者，从兖州叙述文字来看，前面"九河既道，雷夏既泽，灉、沮会同"，应言治水，之后叙"桑土既蚕"，民皆降丘宅土，接着叙其土壤、草木、田赋后，云"作十有三载乃同"，故这里所叙当为治州或者治赋，不应回过头来再谈治水；此外，从《禹贡》体例上来看，各州首言疆域，之后叙其山川、厥土、厥田、厥赋、厥贡，厥土有时附其草木，厥贡则附各种不同物产，所有各州都遵此次序，并无一州例外[2]，且"厥赋"等级后一般紧接"厥贡"，中间没有更多的文字，兖州"厥赋"与"厥贡"间多出此句，故黄怀信《尚书注训》中疑此句为"错简衍文"[3]，略过不释，这是一不同于各家的注释，值得重视，然由于《史记》所录文本已是这样，可知从先秦传至西汉的本子已是如此，此句在"厥赋贞"后，故只能承赋而释，释作治水就不确，综上所述，"作十又三载乃同"当为"该州经过十三年的农作耕耘，赋税才赶上其他各州。"

赋是《禹贡》主要的内容之一，兖州"厥赋贞作十有三载乃同"，由于赋

---

① 顾颉刚、刘起釪：《尚书校释译论》，北京：中华书局，2005 年，第 568 页。

② 据刘起釪先生考证，冀州由于错简、脱简，造成赋在田前，属于州域的"恒卫即从大陆既作"，错简到了"厥田"之后，此外又脱去了"厥贡"的简文，此为西汉时的《禹贡》文本，但并非《禹贡》原文。

③ 黄怀信：《尚书注训》，济南：齐鲁书社，2002 年，第 67、68 页。

等叙述的特殊性，其断句释义歧解纷繁。联系《禹贡》体例，当从"厥赋贞"断句；"贞"为"下下"的误字，马、金以宋代丰富的金石学知识作为依据论证，较有说服力；"作十有三载乃同"联系上下文及《禹贡》体例，当为"耕作、治理此州十三年，乃有贡赋同于他州"，然由于"作"无主、宾语的状态，引起后世学者治水与治州（赋）的争议，然这一问题亦可通过联系《禹贡》的文字叙述、文本体例等得到解决。

第三节　兖州之贡问题研究

兖州"厥贡漆丝，厥篚织文"，即贡物是漆、丝及"织文"。

《禹贡》兖州、豫州皆贡漆。漆，《说文解字》："桼，木汁，可以髹物。象形，桼如水滴而下。"[①]可知漆是漆树上流出的汁液，可作涂料。《庄子·人世间》中有"桂可食，故伐之，漆可用，故割之。"古代的漆是一种天然的树脂涂料，割开漆树皮，从韧皮内部会流出一种白色的粘性乳液，通过加工处理可制成涂料，这种涂料就是漆。古代的漆，又名大漆、生漆，主要盛产于中国，因而又称国漆。割漆的树叫漆树，割漆时间通常为六七月份；割漆时，用蚌壳割开漆树皮，露出木质部分，切成斜形刀口，将竹筒钉入树木中，汁液会顺着竹筒流入漆桶中，以此来收集天然漆。

漆是一种优良的防潮、耐水、防腐的涂料，具有不易氧化、耐酸碱和耐高温等性能。远古时期的人们已认识了漆膜对器物的保护功能，如1978年浙江省余姚县河姆渡新石器时代遗址中发掘出了大量漆器，外表有薄层的朱红色涂料，经中科院北京植物研究所鉴定，这些木器系用生漆涂抹，可见早在七千多年以前，我们的祖先已使用生漆。此外，古籍中对漆也多有记载，如《周礼·考工记》

---

① 李恩江、贾玉民：《文白对照说文解字译述》，郑州：中原农民出版社，2000年，第547页。

中记"弓人"制弓，"取六材必以其时。六材既聚，巧者和之。"① "六材"具备，弓才能做得完好，其中的一种材料即为漆，"漆也者，以为受霜露也。"《毛诗正义》注《诗经·彤弓》云："此彤、旐者，为弓色之异称，为弓者皆漆之，以御后霜露。"② 可知早期人们已经意识到漆有防腐蚀、防渗透的物理特性，涂在物体上可起到保护膜的作用，防止物体受潮、腐蚀而变形损坏。

《禹贡》兖州、豫州贡漆的历史在许多古籍中都有记载。如《礼记·礼器》中记举行大飨礼时，天子接受四方诸侯的贡物，"丹、漆、丝、纩、竹、箭，与众共财也。"郑玄注："万民皆有此物，荆州贡丹，兖州贡漆丝。"③ 记当时兖州贡漆；《周礼·地官司徒》中记"载师"征收不同土地的赋税，"甸、稍、县、都皆无过十二，唯其漆林之征二十而五。"④ 甸、稍、县、都的税率都不超过十分之二，唯有对漆林的征收是二十而五，可见漆在当时的需求量是很大的。漆在人们日常生活中的用途非常广泛，其不仅可以髹饰食器、祭器，还可以髹饰许多日用器具，如凭几、床、笭等家具，髹饰礼器、寿器、兵器、车马器、舟船、宫殿等。

丝：兖州、青州皆贡丝。丝，一般而言特指蚕丝。《说文解字》："丝：蚕所吐也……凡丝之属皆从丝。"⑤ 丝是熟蚕结茧时吐出的像线一样的东西，也是人类利用最早的动物纤维之一，早在 4700 年前，人们已经学会从蚕茧抽得细长丝并用以制作织物，如罗、绫、纨、纱、绉、绮、锦、绣等；蚕丝和大麻、苎麻以及后来的棉花，成为古代人们主要的衣着原料。

---

① （汉）郑玄注，（唐）贾公彦疏：《周礼注疏》，北京：北京大学出版社，1999年，第1172页。
② （汉）毛亨传，（汉）郑玄笺，（唐）孔颖达疏：《毛诗正义》，北京：北京大学出版社，1999年，第626页。
③ （汉）郑玄注，（唐）孔颖达疏：《礼记正义》，北京：北京大学出版社，1999年，第761页。
④ 杨天宇：《周礼译注》，上海：上海古籍出版社，2004年，第190页。
⑤ 李恩江、贾玉民：《文白对照说文解字译述》，郑州：中原农民出版社，2000年，第1241页。

兖州"厥贡漆丝。"孔疏："地宜漆林，又宜桑蚕。"①《史记·货殖列传》："齐、鲁千亩桑麻"，"齐带山海，膏壤千里，宜桑麻，人民多文采、布、帛、鱼盐。""邹、鲁滨洙、泗，犹有周公遗风，俗好儒，备于礼，故其民龊龊。颇有桑麻之业"②，反复记载了古代兖州地区桑蚕业的发达。兖州区域气候温和，光照充足，当地自然条件适宜桑树生长及蚕的饲育，加上统治者的积极提倡和人民的辛勤劳作，故此地的丝制品生产历来远近闻名，如《货殖列传》："山东多鱼、盐、漆、丝、声色"③，"齐冠带衣履天下，海岱之间敛袂而往朝焉。"④丝织品大量制作在当时是极奢侈的，故战国时期的"齐纨鲁缟"很有名，中国古代社会的官员富豪亦无不以衣锦为荣，如到了汉代时期，还有专门为皇帝制作冠服的"三服官"，"三服官"主要就在齐地，如《汉书·元帝纪》李斐注中，提到临淄的"三服官"每年要为皇室织作春服、夏服和冬服，这些服装的材料主要为丝织品，其中一部分为普通丝织品，如罗、帛、纱、绫、绢、绮、纨、缟、綦、锦等，还有绮绣、冰纨、方空縠、吹絮纶等质地精致华丽的高级丝织品。《孔疏》在谈及兖州贡丝时也云："汉世陈留襄邑县置服官，使制作衣服，是兖州绫锦美也。"⑤到了唐代时期，兖州的镜花绫、青州的仙纹绫，都是驰名全国的纺织品，宋代在青州设立织锦院，专门织造高级纺织品，明清时期，济南、济宁、临清等城市都有较发达的纺织工业，有的地方还出现了带有资本主义萌芽性质的手艺工场，直至今日，丝织品产业仍是山东重要的支柱型产业。

---

① （汉）孔安国传，（唐）孔颖达疏：《尚书正义》，北京：北京大学出版社，1999年，第141页。

② 许嘉璐：《二十四史全译·史记》，上海：汉语大词典出版社，2004年，第1547、1544页。

③ 许嘉璐：《二十四史全译·史记》，上海：汉语大词典出版社，2004年，第1539页。

④ 许嘉璐：《二十四史全译·史记》，上海：汉语大词典出版社，2004年，第1540页。

⑤ （汉）孔安国传，（唐）孔颖达疏：《尚书正义》，北京：北京大学出版社，1999年，第141页。

"厥篚织文"。

篚，《汉志》作"棐"，颜师古注："棐与篚同。篚，竹器筐属也。"[①] 即竹制的筐子或篮子；孔疏引郑玄云："贡者百功之府受而藏之。其实于篚者，入于女功，故以贡篚别之。"[②] 认为入"篚"者，一般都是女红之物，并举例子说明："历检篚之所盛，皆供衣服之用，入于女功，如郑言矣。'厜丝'中琴瑟之弦，亦是女功所为也。'织贝'，郑玄以为织如贝文，传谓'织为细纻。贝为水物'，则贝非服饰所须，盖恐其损缺，故以筐篚盛之也。诸州无"厥篚"者，其诸州无入篚之物，故不贡也。"[③] 举青州"厜丝"、扬州"织贝"，说明入"篚"者皆为供衣服之用，因易损坏，故放入竹器中以保其完好。

"织文"，伪孔传："织文，锦绮之属。"孔疏承之云："'绮'是织缯之有文者，是绫锦之别名，故云'锦绮之属'，皆是织而有文者也。"[④] "织而有文"，是指织有花纹的丝织品；明人茅瑞徵《禹贡汇疏》引朱熹云："织文，绫罗之属。"[⑤] 元人吴澄《书纂言》亦云："织而成文，绫罗之属。"又释"扬州章"之"织贝"云："染其丝五色织之成文者曰织贝，不染五色而织之成文者曰织文。"[⑥] 依此说，则"织文"是非染色织有花纹的丝织品，然清人徐文靖《禹贡会笺》云："据《礼记·深衣》'士不衣织'。郑注曰：'织，染丝织之。士衣染缯也。'是织文乃染丝织之而有文，非必为锦绮也。"[⑦] 则"织文"又是染

① 顾颉刚、刘起釪：《尚书校释译论》，北京：中华书局，2005 年，第 569 页。

② （汉）孔安国传，（唐）孔颖达疏：《尚书正义》，北京：北京大学出版社，1999 年，第 141 页。

③ （汉）孔安国传，（唐）孔颖达疏：《尚书正义》，北京：北京大学出版社，1999 年，第 141 页。

④ （汉）孔安国传，（唐）孔颖达疏：《尚书正义》，北京：北京大学出版社，1999 年，第 141 页。

⑤ 顾颉刚、刘起釪：《尚书校释译论》，北京：中华书局，2005 年，第 570 页。

⑥ 顾颉刚、刘起釪：《尚书校释译论》，北京：中华书局，2005 年，第 570 页。

⑦ 顾颉刚、刘起釪：《尚书校释译论》，北京：中华书局，2005 年，第 570 页。

色有花纹的丝织品；蔡沈《书集传》："'织文'者，织而有文，锦绮之属也。以非一色，故以织文总之。"[1] 今人王世舜、王翠叶《尚书》亦注："织文：把丝织品染成各种花纹。"[2] 亦同此说。其实此处不必深究，总之"织文"是有图案的丝织品，因贵重怕损坏，故放入"筐"中进贡，与漆、丝的包装方式不同。

---

① （宋）蔡沈：《书集传》，南京：凤凰出版社，2010 年，第 45 页。

② 王世舜、王翠叶：《尚书》，北京：中华书局，2021 年，第 60 页。

第三章

青州赋贡研究

第一节　青州土壤简析

青州"厥土白坟，海滨广斥"。白，夏纬英《管子地员篇校释》："古人记植物的颜色，凡是说'白'的常指淡绿，说'黑'的常指深绿。"又云："白是土干后的色，轻剽的土，往往干白。"[①] 故"白坟"当为颜色较浅的膏肥沃壤；申镇《〈尚书·禹贡〉田赋问题研究》中释"白坟"为盐渍土，《史记·货殖列传》："齐带山海，膏壤千里。"[②] "齐带"即青州大部分地域，幅员辽阔，土壤肥沃，故"盐渍土"说不符。陈恩凤《中国土壤地理》中云："青州今之山东半岛，丘陵地多为棕壤，惟于古代亦多森林，所积腐植质因沿海湿润而较丰，但为酸性，成为灰壤，或即所称'白壤'。"[③] 中国科学院地理研究所编的《中国省区地理》中云："鲁西北平原受草甸植被的影响，形成为大面积的浅色草甸土。"[④] 故"白坟"当为灰壤或浅色草甸土。

"海滨广斥"，海滨，即海边、沿海之域；"斥"，《说文》："卤，咸地也。东方谓之斥，西方谓之卤。"[⑤]《周礼·草人》"咸潟"，郑玄注："潟，卤也。"[⑥] 刑昺疏云："逆水之处，水舄去，其地为咸卤。"[⑦] 可知古"斥"、"卤"为海水退去之后的沿海咸地。青州"厥土白坟，海滨广斥"，林氏《全解》云："此州之土有二种，平地之土则色白而性坟，至于海滨之土，则弥望皆斥卤之地。"[⑧] 伪孔："海畔迥阔，地皆斥卤，故云广

---

① 顾颉刚、刘起釪：《尚书校释译论》，北京：中华书局，2005 年，第 578 页。

② （汉）司马迁：《史记》，北京：中华书局，1963 年，第 3265 页。

③ 顾颉刚、刘起釪：《尚书校释译论》，北京：中华书局，2005 年，第 578 页。

④ 顾颉刚、刘起釪：《尚书校释译论》，北京：中华书局，2005 年，第 578 页。

⑤ （清）胡渭：《禹贡锥指》，上海：上海古籍出版社，2013 年，第 102 页。

⑥ （汉）郑玄注，（唐）贾公彦疏：《周礼注疏》，北京：北京大学出版社，1999 年，第 411 页。

⑦ 顾颉刚、刘起釪：《尚书校释译论》，北京：中华书局，2005 年，第 580 页。

⑧ （清）纪昀、陆锡熊、孙士毅等：《景印文渊阁四库全书》，台北：台湾商务印书馆，1986 年，第 55 册，第 151 页。

斥。"[1] 陈恩凤先生认为："'海滨广斥',当指沿海之盐渍土。"[2] 盐渍土是盐土和碱土以及各种盐化、碱化土壤的总称,是土壤中可溶性盐碱含量达到对作物生长有显著危害的土类,这类土壤的可耕作性是很差的。

盐渍土虽不适宜种植,然可用以煮盐。青州"海滨广斥",咸土面积广阔,如宋人金履祥《书经注》中云："齐有鱼盐之利,今登州千里长沙,是其地。"[3] 胡渭《锥指》："东莱之地斗入大海中,长八九百里。以三面计之,咸土不下二千里。是一州而兼数州之斥。"[4] 登州、东莱属战国时的齐地,咸土面积广阔;《史记·货殖列传》中记"太公望封于营丘,地潟卤,人民寡,于是太公劝其女功……通渔盐,则人物归之……故齐冠带衣履天下,海岱之间敛袂而往朝焉。"[5] 齐靠鱼盐之利,发展经济,遂成为一个大国,可见"青之广斥所以利民者甚大。"[6]

第二节 青州赋贡问题研究

青州"厥田惟上下,厥赋中上",伪孔传："田第三,赋第四。"[7] 金履祥《书经注》云："九州,雍田第一,青、徐即次之。后世所谓秦得百二,齐得十二,亦言其地利之饶,非独形势也。"[8] 可知当时青州的经济水平在九州之中是比较高的。

---

① (清) 胡渭:《禹贡锥指》,上海:上海古籍出版社,2013 年,第 102 页。

② 顾颉刚、刘起釪:《尚书校释译论》,北京:中华书局,2005 年,第 581 页。

③ 顾颉刚、刘起釪:《尚书校释译论》,北京:中华书局,2005 年,第 580 页。

④ (清) 胡渭:《禹贡锥指》,上海:上海古籍出版社,2013 年,第 103 页。

⑤ (汉) 司马迁:《史记》,北京:中华书局,1963 年,第 3255 页。

⑥ (清) 胡渭:《禹贡锥指》,上海:上海古籍出版社,2013 年,第 103 页。

⑦ (汉) 孔安国传,(唐) 孔颖达疏:《尚书正义》,北京:北京大学出版社,1999 年,第 142 页。

⑧ 顾颉刚、刘起釪:《尚书校释译论》,北京:中华书局,2005 年,第 581 页。

青州"厥贡盐绨"。

盐，是青州的贡物之一，放于首位。青州包括了今山东省的绝大部分地区，其东面是太平洋，海岸线总长 3000 多公里，广阔的临海区域给青州带来了得天独厚的地理优势和环境优势，海洋资源非常丰富，尤其盐业发达，如《史记·货殖列传》中记："太公望封于营丘，地潟卤，人民寡，于是太公劝其女功，极技巧，通鱼盐，则人物归之，繈至而辐凑。"① "齐带山海，膏壤千里，宜桑麻，人民多文采、布、帛、鱼、盐。"② 《淮南子·堕形训》中亦云："有岱岳，以生五穀桑麻，鱼盐生焉。"③ 皆云鱼、盐为青州当地特产。林之奇《尚书全解》："盐即广斥之地所出也。"④ 可知此处的盐即上文"海滨广斥"之地所产。

青州、豫州皆贡"绨"。伪孔："绨，细葛。"《释文》："绨，敕其反。"⑤ 《诗经·葛覃》："葛之覃兮，施于中谷；维叶莫莫。是刈是濩，为绨为绤，服之无斁。"⑥ 郑玄注："葛所以为绨绤。"⑦ "精曰绨，粗曰绤。"⑧ 可知"绨"、"绤"皆是葛的纺织物，精细者称"绨"，粗疏者称"绤"。

绨作为贡物，在古籍中早有记载，如《周礼》中记当时设立了许多征收、治理葛麻材料纤维的职业，其中的"掌葛"："掌以时征绨绤之材于山农，凡

---

① 许嘉璐：《二十四史全译·史记》，上海：汉语大词典出版社，2004 年，第 1540 页。

② 许嘉璐：《二十四史全译·史记》，上海：汉语大词典出版社，2004 年，第 1544 页。

③ 顾颉刚、刘起釪：《尚书校释译论》，北京：中华书局，2005 年，第 582 页。

④ （宋）林之奇：《尚书全解》，北京：人民出版社，2019 年，第 130 页。

⑤ （汉）孔安国传，（唐）孔颖达疏：《尚书正义》，北京：北京大学出版社，1999 年，第 142 页。

⑥ （汉）毛亨传，（汉）郑玄笺，（唐）孔颖达疏：《毛诗正义》，北京：北京大学出版社，1999 年，第 32 页。

⑦ （汉）毛亨传，（汉）郑玄笺，（唐）孔颖达疏：《毛诗正义》，北京：北京大学出版社，1999 年，第 30 页。

⑧ （汉）毛亨传，（汉）郑玄笺，（唐）孔颖达疏：《毛诗正义》，北京：北京大学出版社，1999 年，第 32 页。

葛征，徵草贡之材于泽农，以当邦赋之政令。"①专门征收"绤、绤之材"，作为纺织的原料；"七日嫔妇，化治丝枲"，贾公彦疏："治理变化丝枲，以为布帛之等也。"②"嫔妇"则负责将蚕、葛、麻等丝制成布帛之物；此外，《天官·大宰》中的"九贡"："以九贡致邦国之用……七曰服贡。"郑玄："服贡，绤纻也。"③可知绤纻在当时是作为贡品的。

葛是绤的原材料，与枲麻、苎麻、蚕丝等为古人所赖以为衣履的几种原料。葛织物吸湿、散湿性良好，清凉离汗，故古人通常用来制作夏衣，如《诗·邶风·绿衣》："绤兮绤兮，凄其以风。"郑氏笺："绤绤所以当暑。"④《庄子·杂篇》："冬日衣皮毛，夏日衣葛绤。"⑤《汉书·严朱吾丘主父徐严终王贾传》："故服绤绤之凉者，不苦盛暑之郁燠。"⑥可知绤布适合制作夏衣；《墨子·辞过》："为衣服之法：冬则练帛之中，足以为轻且煖，夏则绤绤之中，足以为轻且清。"⑦清，即清凉的意思，绤布衣服轻薄凉爽，因而适合夏天穿着。《锥指》："禹时青、豫既贡绤，扬之岛夷又贡卉服。先儒以为即葛越。"⑧《正义》："葛越，南方布名，用葛为之。左思《吴都赋》云'蕉葛升越，弱于罗纨'是也。"⑨绤布"轻且清"，因而古人认为《禹贡》青、豫二州

① （汉）郑玄注，（唐）贾公彦疏：《周礼注疏》，北京：北京大学出版社，1999年，第421页。

② （汉）郑玄注，（唐）贾公彦疏：《周礼注疏》，北京：北京大学出版社，1999年，第32、33页。

③ （汉）郑玄注，（唐）贾公彦疏：《周礼注疏》，北京：北京大学出版社，1999年，第38页。

④ （汉）毛亨传，（汉）郑玄笺，（唐）孔颖达疏：《毛诗正义》，北京：北京大学出版社，1999年，第120页。

⑤ （宋）李昉、李穆等编，夏剑钦等点校：《太平御览》，石家庄：河北教育出版社，2000年，第210页。

⑥ 许嘉璐：《二十四史全译·汉书》，上海：汉语大词典出版社，2004年，第1345页。

⑦ 吴毓江、孙啓治：《墨子校注》，北京：中华书局，1993年，第46页。

⑧ （清）胡渭：《禹贡锥指》，上海：上海古籍出版社，2013年，第105页。

⑨ （汉）孔安国传，（唐）孔颖达疏：《尚书正义》，北京：北京大学出版社，1999年，第146页。

所贡的绤即葛越，也是左思《吴都赋》中提到的"弱于罗纨"的"蕉葛升越"之类的织品，此织品认为是比丝织品更为柔弱的高级织物。

除了制作衣物，绤在贵族生活中还有很多用途：绤可作蒙东西的布，如《仪礼·士虞礼》："当户，两甒醴、酒，酒在东，无禁，幂用绤布。"①《周礼·天官》："幂人掌共巾幂。"郑玄注："共巾可以覆物。"②可知"幂"是盖东西的巾布，这里作动词覆盖的意思；《仪礼》中记行士虞礼，亦以绤葛布覆盖酒坛；《大射仪》中记射礼，"幂用锡若绤"③，蒙酒的也是绤布。其次，《礼记·曲礼》："为天子削瓜者副之，巾以绤。为国君者华之，巾以绤。"④削瓜礼中，为天子削好的瓜用细葛布盖好，国君之瓜则用粗葛巾覆盖，以示"削瓜等级不同"⑤，都用到了葛布；此外，绤还可用作澡巾，如《礼记·丧大记》："浴水用盆，沃水用枓，浴用绤巾。"贾公彦疏："'浴用绤巾'者，绤是细葛，除垢为易，故用之也。"⑥绤布更易除垢，故作洗澡之用；细葛布还可作蚊帐，如王夫之《读通鉴论》中记："闇而弱者之用兵，其防之也，如张繝帐以御蟁蠓，薄绤疏绤使弗能入焉，则鼾睡以终夕。"绤绤纺织稀疏，既透气又阻挡昆虫蚊蝇，故可作蚊帐使用。

"海物惟错"。

"海物"，即海产品的意思，这点无异议。历代主要集中在对"错"的释义上，大致来说有以下几种解释：

一、错：种类杂多的海产品。如郑玄云："海物，海鱼也。鱼种类尤

---

① （汉）郑玄注，（唐）贾公彦疏：《仪礼注疏》，北京：北京大学出版社，1999年，第797页。
② （汉）郑玄注，（唐）贾公彦疏：《周礼注疏》，北京：北京大学出版社，1999年，第143页。
③ （汉）郑玄注，（唐）贾公彦疏：《仪礼注疏》，北京：北京大学出版社，1999年，第303页。
④ （汉）郑玄注，（唐）孔颖达疏：《礼记正义》，北京：北京大学出版社，1999年，第66页。
⑤ （汉）郑玄注，（唐）孔颖达疏：《礼记正义》，北京：北京大学出版社，1999年，第66页。
⑥ （汉）郑玄注，（唐）孔颖达疏：《礼记正义》，北京：北京大学出版社，1999年，第1256页。

杂。"① 伪孔传："错，杂，非一种。"② 苏轼："错，杂也，鱼虾之类。"③
此外，清人胡渭、孙星衍、王鸣盛，今人曾运乾、李长傅、樊东、王世舜、江
灏、钱宗武等亦持此说。

　　二、错：治玉的磨砺石。宋儒林之奇提出与前人不同的见解，其《全解》
云："'惟错'，先儒以连于'海物'之下，谓'惟错，非一种'。此说不然。
夫既谓之'海物'而不指其名，则固非一种矣，又何须加'惟错'二字于其下？
予窃谓此'盐缔海物惟错'与扬州'卉草羽毛惟木'文势正同，木既别是一物，
则此错字亦应别是一物，盖如豫州所谓'锡贡磬错'，是治玉之石也。"④ 认为
"海物"本非一种海产品，无须再加"惟错"二字；此句当与扬州"卉草羽毛
惟木"文势相同，"错"别为一物，当是豫州"锡贡磬错"之"错"，即磨玉
的石头。蔡沈、吴澄，今人慕平等亦皆赞同此说，如吴澄从词义的角度出发，
云："'惟'，或在句中，犹言'与'、'及'、'暨'也；或在句端，犹如
'越'如'若'也。'错'，石可磨砺者也。《诗》云：'他山之石，可以为
错。'"⑤ 认为"惟"同"与""及""暨"等，"错"是磨砺石，此州贡的是
海产品及治玉的石头；然此说为胡渭所反对，其云："海中之物，诡类殊形，非
止江河鳞介之族，故谓之错。……此错果为石，则荆何必又贡砺、砥。'惟'
字在句中亦不尽如吴氏训。'海岱惟青州'，岂可谓与青州暨青州邪。"⑥ 认为
"错"是杂、多义，不作石头讲，且从句式结构的角度，"海岱惟青州"不可释
作"青州暨青州"，故"惟"非及、暨义，反驳了吴氏之说。

---

① （清）孙星衍：《尚书今古文注疏》，北京：中华书局，2017 年，第 152 页。
② （汉）孔安国传，（唐）孔颖达疏：《尚书正义》，上海：上海古籍出版社，2007 年，第
203 页。
③ （清）纪昀、陆锡熊、孙士毅等：《景印文渊阁四库全书》，台北：台湾商务印书馆，
1986 年，第 54 册，第 519 页。
④ 顾颉刚、刘起釪：《尚书校释译论》，北京：中华书局，2005 年，第 583 页。
⑤ 顾颉刚、刘起釪：《尚书校释译论》，北京：中华书局，2005 年，第 583 页。
⑥ （清）胡渭：《禹贡锥指》，上海：上海古籍出版社，2013 年，第 105、106 页。

三、错：偶尔进贡。如明儒茅瑞徵："错字当与'上下错'错字义同。此句与上一句相关，盖盐绨常贡也，海物不可常得，而间一贡之耳。"①认为此句关联的是上句，上句盐绨常贡，海物不常得，故偶尔进贡。清人简朝亮亦云："错，如厥赋惟上上错之错，言其无常而杂也；其贡海物惟杂者，明海物所获无常，不以例求也。"②海物所获无常，不以例求，同于茅氏之说。

四、错：错开。清人牟庭："海物间二岁而一贡，与扬、徐二州相错也。"③即海产品两年一贡，以与扬、徐二州错开。然扬、徐二章并未言贡海物，故此释无据。

五、错：夹杂。今人黄怀信《尚书注训》："贡品是盐和细葛布，夹杂海产。"④樊东《尚书译注》："他们所进贡的物品是盐和细葛布，夹杂各种海产品。"⑤这是另一种解释。

以上诸说，以第二说较符合《禹贡》体例，其义较妥，即此州进贡的是海产品及治玉的磨砺石。

"岱畎丝、枲、铅、松、怪石"。

"岱畎"，伪孔："畎，谷也。……岱山之谷。"⑥孔疏："《释水》云：'水注川曰谿，注谿曰谷。'谷是两山之间流水之道，'畎'言畎去水，故言'谷'也。"⑦可知"岱畎"为泰山沟谷。

---

① 顾颉刚、刘起釪：《尚书校释译论》，北京：中华书局，2005年，第584页。

② 郭仁成：《尚书今古文全璧》，长沙：岳麓书社，2006年，第50页。

③ 顾颉刚、刘起釪：《尚书校释译论》，北京：中华书局，2005年，第584页。

④ 黄怀信：《尚书注训》，济南：齐鲁书社，2002年，第69页。

⑤ 樊东：《尚书译注》，上海：上海三联书店，2013年，第26页。

⑥ （汉）孔安国传，（唐）孔颖达疏：《尚书正义》，北京：北京大学出版社，1999年，第142页。

⑦ （汉）孔安国传，（唐）孔颖达疏：《尚书正义》，北京：北京大学出版社，1999年，第142页。

丝，蚕丝，前文已有释义。

枲，伪孔："麻也。"《尔雅·释草》："枲，麻。"刑昺疏："麻，一名枲。"[1]可知"枲"即麻，是麻的通称；宋代沈括《梦溪笔谈》："中国之麻，今谓之大麻是也……张骞始自大宛得油麻之种，亦谓之麻，故以'胡麻'别之，谓汉麻为'大麻'也。"可知通常所说的麻指的就是大麻，即枲麻，又称汉麻。

麻是我国最古老的作物，为一年生直立草本，高 1-2 米，栽培可达 3-4 米，《荀子·劝学篇》："蓬生麻中，不扶而直。"可知麻株杆笔直。麻是雌雄异株的植物，许多典籍中都有相关记载，如《周礼·天官冢宰》中有"典丝"、"典枲"，贾公彦疏："枲，麻也。案《丧服传》云：'牡麻者，枲麻也。'则枲是雄麻，对苴是麻之有荚实者也。"[2]可知"枲"是雄麻，又称牡麻，"苴"是雌麻，是麻中结有果实者，又称子麻。《尔雅翼》："有实为苴，无实为枲。"[3]是说麻雌雄异株，雌株为苴，雄株为枲；清人郝懿行《尔雅义疏》："要其正称则枲；麻，通名耳。今俗呼苎麻为种麻，牡麻为华麻。牡麻华而不实，苎麻实而不华。"[4]这些都是我国古代人民对于大麻雌雄异株这一植物生理特征的重要发现。

枲是古时人们衣履的主要原料，古代提到的布，一般都是以大麻纤维织成的，如明人宋应星《天工开物》："凡衣、衾挟纩御寒，百人之中，止一人用茧绵，余皆枲著。"[5]可知麻布是中国古代基层劳动人民所穿用的最主要的织物。

我国利用大麻纺织的历史非常久远，据考古报告，在中国三十多个省区市

---

① （晋）郭璞注，（宋）刑昺疏：《尔雅注疏》，北京：北京大学出版社，1999年，第247页。
② （汉）郑玄注，（唐）贾公彦疏：《周礼注疏》，北京：北京大学出版社，1999年，第21页。
③ 顾颉刚、刘起釪：《尚书校释译论》，北京：中华书局，2005年，第585页。
④ 顾颉刚、刘起釪：《尚书校释译论》，北京：中华书局，2005年，第585、586页。
⑤ 潘吉星：《天工开物译注》，上海：上海古籍出版社，1998年，第259页。

发现的早期居民遗址中，几乎都有纺轮出土，而纺轮是纺织工具中的主要部件。五十年代，在陕西西安半坡遗址出土的许多陶器底部，都发现有布纹、席纹和其他编织印纹，证明当时的人们已经利用麻葛等来织布，此遗址距今已有5000多年。此外，我国河北省蒿城台西商代遗址、福建武夷山商代船棺中、山西运城绛县横水镇西周倗国墓地、陕西泾阳县高家堡早周墓葬遗址、河南浚县辛村的西周遗址中，也都发现有大麻的残片，可见大麻在早期人们生活中的应用是非常普遍的。许多古籍中也有关于大麻的记载，如《周礼·天官》中的"典枲"："掌布缌缕纻之麻草之物，以待时颁功而授赍。"贾公彦疏："云授赍者，亦如《典妇功》注谓以女功事来取者。"[1] "典妇功掌妇式之法，以授嫔妇及内人女功之事赍。""事赍"，郑玄注："谓以女功之事来取丝枲。"[2] "典枲"、"典妇"就是负责搜集和纺织所进贡的麻草之物的；"九贡"之中有"嫔贡"，郑玄谓嫔贡为丝枲；"九职"之中有"嫔妇，化治丝枲。"孔疏："治理变化丝枲，以为布帛之等也。"[3] 即将蚕麻丝等制成布帛之类。

除制作衣服外，麻纤维还可制成麻绳、麻线、渔网，麻还可以用来造纸。1957年，我国在陕西西安灞桥的一座汉墓中，发现有一叠麻纸，经鉴定，其年代约为公元前二世纪。纸张经剥揭共有八十多片，这是目前我国发现的最早的麻类纤维纸张。此外，新疆罗布淖尔的汉代烽燧遗址、甘肃居延地区汉代烽燧遗址和陕西扶风县的一处西汉窖藏中，均发现了大麻纸张。《后汉书·蔡伦传》："自古书契多编以竹简，其用缣帛者谓之为纸。缣贵而简重，并不便于人。伦乃造意，用树肤、麻头及敝布、渔网以为纸。"[4] 古时人们书写多用竹简或缣帛丝织品，但由于竹简笨重，帛缣价格昂贵，因此蔡伦用树皮、麻头、破布、旧渔网等作为造纸原料，发明了纸张，这之中除树皮外，其余均属麻类纤维，可见麻是

---

① （汉）郑玄注，（唐）贾公彦疏：《周礼注疏》，北京：北京大学出版社，1999年，第201页。

② （汉）郑玄注，（唐）贾公彦疏：《周礼注疏》，北京：北京大学出版社，1999年，第198页。

③ （汉）郑玄注，（唐）贾公彦疏：《周礼注疏》，北京：北京大学出版社，1999年，第33页。

④ （南朝宋）范晔：《后汉书》，北京：中华书局，1999年，第1697页。

造纸的主要原料，而纸的发明，也是我国对世界科技文化的重要贡献。

铅，茅瑞徵《禹贡汇疏》："《说文》：'铅，青金也。'锡之类，能杀虫毒。锡，银色而铅质也。古称铅为黑锡。"[1]孔疏："'铅'，锡也。"[2]清儒徐文靖《禹贡会笺》引苏颂云："铅一名黑锡。"[3]这是古人对铅的认识。胡渭《锥指》："案胡粉、黄丹皆化铅为之。土宿真言：《本草》云'铅乃五金之祖，变化最多。一变而成胡粉，再变而成黄丹'是也。胡粉一名白粉，黄丹一名朱粉，可以代丹垩，故贡其材使炼治之，以给绘画涂饰之用也。"[4]是说铅可用作绘画涂饰；曹植《洛神赋》："铅华不御。"李善注云："铅华，粉也。"[5]是说铅亦可作古代妇女敷脸的粉。有此诸用，故铅为贡物。

松，即松树。《锥指》："《鲁颂·閟宫》之卒章曰：徂来之松，新甫之栢，是断是度，是寻是尺。松桷有舄，路寝孔硕。徂徕山在今泰安州东南四十里，实岱之支峰，特异其名耳。《水经注》云：徂徕山多松柏，《诗》所谓'徂徕之松'也。《邹山记》曰：徂徕山在梁父、奉高、博三县界，犹有美松。昔秦始皇登泰山避风雨于松下，因封其树为五大夫，岱畎之多松明矣。齐、鲁以岱分界，徂徕在南，与新甫俱为徐域，故其材鲁得用之也。"[6]引《诗经》，说明古时建造宫庙需要徂来之松。徂来即今泰安州东南四十里的徂来山，为岱山支峰，多松柏，《邹山记》中记徂徕山有美松，秦始皇登泰山曾避风雨于松下，封其树为五大夫，可知岱山之谷多松；徐文靖《禹贡会笺》："贡松者，《大司徒》职曰：'制其畿疆，设其社稷之壝，而树之各以其野之所宜木……'郑注：'所宜

---

① 顾颉刚、刘起釪：《尚书校释译论》，北京：中华书局，2005 年，第 586 页。

② （汉）孔安国传，（唐）孔颖达疏：《尚书正义》，北京：北京大学出版社，1999 年，第 142 页。

③ 顾颉刚、刘起釪：《尚书校释译论》，北京：中华书局，2005 年，第 586 页。

④ （清）胡渭：《禹贡锥指》，上海：上海古籍出版社，2013 年，第 108 页。

⑤ 顾颉刚、刘起釪：《尚书校释译论》，北京：中华书局，2005 年，第 586 页。

⑥ （清）胡渭：《禹贡锥指》，上海：上海古籍出版社，2013 年，第 108 页。

木，谓若松、柏、栗也。'……夏社宜松，故贡松也。"① 是说社木需要贡松。
古籍中也有许多关于林木的记载和规定，如《周礼·地官》中的"山虞"："掌
山林之政令，物为之厉而为之守禁。仲冬斩阳木，仲夏斩阴木。凡服耜，斩季
材，以时入之。令万民时斩材，有期日。凡邦工入山林而抡材，不禁。春秋之斩
木不入禁。"② 掌管山林的官员指导护林人员在何时砍伐何地的森林，如仲冬时
砍伐山南面的森林，仲夏时砍伐山北面的森林；《地官》中的"林衡"，掌保护
和巡守林木，"掌巡林麓之禁令而平其守，以时计林麓而赏罚之。若斩木材，则
受法于山虞，而掌其政令。"③ 此外，《礼记·曲礼》中提到"天子之六工"，
其中之一的"木工"，即利用木材建造器物的工匠，孔疏云："木工，轮、舆、
弓、庐、匠、车、梓也。"④ 木工匠还分为轮、舆、弓、庐、匠、车、梓七个工
种，分工之细，足见古代王室对木材的需求量是很大的。林氏《全解》："岱山
之畎出此丝、枲、铅、松、怪石之五物，比于他处为最美，故以为贡也。"⑤ 岱
畎松木美于他处，故作为贡品。

怪石，伪孔："怪，异；好石似玉者。"⑥ 孔疏："'怪石'，奇怪之石，
故云'好石似玉'也。"⑦《释文》："怪石，碔砆之属。"⑧ 碔砆，为石似玉

---

① 顾颉刚、刘起釪：《尚书校释译论》，北京：中华书局，2005 年，第 586 页。
② （汉）郑玄注，（唐）贾公彦疏：《周礼注疏》，北京：北京大学出版社，1999 年，第
415、416 页。
③ （汉）郑玄注，（唐）贾公彦疏：《周礼注疏》，北京：北京大学出版社，1999 年，第 417 页。
④ （汉）郑玄注，（唐）孔颖达疏：《礼记正义》，北京：北京大学出版社，1999 年，第 130 页。
⑤ （宋）林之奇：《尚书全解》，北京：人民出版社，2019 年，第 130 页。
⑥ （汉）孔安国传，（唐）孔颖达疏：《尚书正义》，北京：北京大学出版社，1999 年，第
142 页。
⑦ （汉）孔安国传，（唐）孔颖达疏：《尚书正义》，北京：北京大学出版社，1999 年，第
142 页。
⑧ （汉）孔安国传，（唐）孔颖达疏：《尚书正义》，北京：北京大学出版社，1999 年，第
142 页。

者；颜师古《汉志》注："怪石，石之次玉美好者也。"[1] 程大昌："质状色泽似石而非石，故命为怪，非抑之也，所以高之也。古者用玉比后世特多，其势不得不以似玉者充之，玖、瑰、瑎、琇之类是已。盖贡怪石以足用，非如今灵璧、太湖之石，嵌空玲珑可为戏玩者也。（按：尹文子云：魏田父得玉，以告邻人。邻人诈之曰：此怪石也。怪石似玉，故可以相迮。）"[2] 怪石似玉非石，为玖、瑰、瑎、琇之类的美石；林氏《全解》："观禹之制贡，所以垂法于后世，非服食器用之物不以为贡也。丝、枲、铅、松皆是适用之物，无可疑者，至于怪石则诚有可疑。窃意当是时，制礼作乐，资以为器用之饰，于义有必不可阙者，非是欲此无益之物以充游玩之好也。"[3] 此说提出后，宋至清治《尚书》者多宗此说，如金履祥云："怪石，如今莱之温石，可为器。今青州黑山红丝石，红黄相参，文如林木，或如月晕、如山峰、如云霞、如花卉，即古怪石也。淄川梓桐山石门涧石，色若青金，纹如铜屑，理极细密，亦奇石，但不如红丝石之坚。凡此诸品皆可为器用，今取以为砚。"[4] 莱州的温石、青州的黑山红丝石、淄川梓桐山的石门涧石等，皆为怪石，可作器用，制以为砚；清《登州府志》认为"怪石出莱阳县五龙山，色类昆山石而文理过之。"[5] 胡渭则认为："经之怪石，本出岱畎。青、莱、登之地去岱绝远，泛引无当也。《名医别录》言：白、紫石英皆生太山山谷。白石英大如指，长二三寸，六面如削，白澈有光，长五六寸者弥佳。寇宗奭曰：紫石英明彻如水精，但色紫而不匀。李时珍曰：《太平御览》云：自大岘至太山皆有紫石英，太山所出甚璨玮。斯二英者，其经之所谓怪石乎。"[6] 岱畎出怪石，胡氏认为青、莱、登等地距离泰山较远，怪石不生此地，当为泰山谷的白、紫石英等；唐《元和郡县图志》沂州沂水县："雹山在县西

① 顾颉刚、刘起釪：《尚书校释译论》，北京：中华书局，2005 年，第 586 页。
② （清）胡渭：《禹贡锥指》，上海：上海古籍出版社，2013 年，第 107 页。
③ （宋）林之奇：《尚书全解》，北京：人民出版社，2019 年，第 130 页。
④ （清）胡渭：《禹贡锥指》，上海：上海古籍出版社，2013 年，第 108、109 页。
⑤ （清）胡渭：《禹贡锥指》，上海：上海古籍出版社，2013 年，第 109 页。
⑥ （清）胡渭：《禹贡锥指》，上海：上海古籍出版社，2013 年，第 109 页。

北二十八里，出紫石英，好者表里映彻，形若霜状，故名霜山，今犹入贡。"① 可知后代以紫石英入贡，亦确有此事；此外，《元和志》："淄州贡理石。"② 《唐书·地理志》："济州贡滑石、云母。"③《宋史·地理志》："济南贡 阳起石。"④ 元初《文献通考·舆地考》记兖州东岳泰山，贡品有云母、紫金 石等，上述种种，均属怪石之类。李长傅《禹贡释地》："今山东省产石材甚 丰。如重晶石、滑石、弗石、长石、大理石。主要产地有鲁东、鲁中之丘陵地 区。"⑤ 刘起釪《尚书校释译论》中亦认为，今莱州掖县所产的五色石，大致当 为青州所贡之石，凡所提出的各种石头，虽皆无法确指，但古代王朝对石料确 有需求，如考古工作者在山西侯马发掘的晋国都城新田遗址中，发现了铜、陶、 石、骨等各器作坊遗址，其中石圭作坊遗址就达五千多平方米，内有制成的石 圭，还有工具如刀、磨砺石等，更多的是原石料，有一长 25 米、宽 20 米的范 围内堆积厚达 30 至 40 厘米的页岩石料，所制成石圭供贵族作盟书之用，如有 名的《侯马盟书》及近年山西陆续出土的许多盟书，就是用此玉石作坊所制成之 似玉石圭写成，由此可悟《禹贡》所规定的贡石，可能就是供此类需要，上文提 到贡"错"，即玉石作坊所需要的砺石，也可得到理解。

"厥篚檿丝"。"檿丝"，《说文·木部》："檿，山桑也。从木、厌 声。《诗》曰：'其檿其柘。'（案《皇矣》句）"⑥《尔雅·释木》："檿 桑，山桑。"郭璞注："似桑，材中作弓及车辕。"⑦ 伪孔传："檿桑蚕丝，中

---

①　顾颉刚、刘起釪：《尚书校释译论》，北京：中华书局，2005 年，第 587 页。

②　李长傅：《禹贡释地》，郑州·中州书画社，1982 年，第 45 页。

③　李长傅：《禹贡释地》，郑州·中州书画社，1982 年，第 45 页。

④　李长傅：《禹贡释地》，郑州·中州书画社，1982 年，第 45 页。

⑤　李长傅：《禹贡释地》，郑州·中州书画社，1982 年，第 45 页。

⑥　顾颉刚、刘起釪：《尚书校释译论》，北京：中华书局，2005 年，第 589 页。

⑦　顾颉刚、刘起釪：《尚书校释译论》，北京：中华书局，2005 年，第 589 页。

琴瑟弦。"①孔疏："'檿丝'，是蚕食檿桑，所得丝韧，中琴瑟弦也。"②可知"檿"是一种山桑树，其木质可作弓、车辕，檿桑蚕丝坚韧，可作琴瑟弦；《书传》："惟东莱出此丝，以织缯，坚韧异常，莱人谓之山茧。"③吴澄《书纂言》："檿，山桑也。野蚕食山桑成茧，其丝中琴瑟弦，以之为缯，坚韧异常，惟东莱出此丝。"④综合了孔疏及《书传》之说；《锥指》："《登州府志》云：檿丝出栖霞县，文登、招远等县亦有之。其茧生山桑，不浴不饲。居民取之，制为绸，久而不敝。斯所谓出东莱，坚韧异常者也。今青州、济南、兖州等处皆有茧绸，其蚕乃人放椿树上，食叶作茧，丝不甚坚韧。尝询诸土人，野蚕食山桑叶，作茧高岩之上，樵者往往得之，不过数枚，欲制为绸，须广收积多，乃成一匹，所出至少，官长欲市取，亦无从得也。盖必此种而后可以当《禹贡》之檿丝，古今事变不同，以今之遍地皆有，而疑古之独出于东莱也，亦过矣。"⑤可知檿丝为野山蚕丝，其丝织品坚韧异常，久而不坏，以前出东莱，清时较为普遍；清人牟庭《同文尚书》："以今目验东齐之地，海岱之间，柞栎满山，饲蚕收茧，衣被数百里，意古以柞栎为檿桑乎。今俗谓柞茧曰山茧，纺之曰山线，织之曰山绸，此非山桑之遗名尚存者乎。《盐铁论》'散不足曰茧绸、缣练者，婚姻之嘉饰也'。盖今山绸，汉时人谓之茧绸，《禹贡》谓之檿丝。"⑥今山东所产的柞蚕丝，为放养在柞树上食叶成茧，缫其丝织成柞丝绸、柞丝纺之类，厚实坚牢，显然即《禹贡》檿丝。此外，《同文尚书》又提出一说："《禹

---

①　（汉）孔安国传，（唐）孔颖达疏：《尚书正义》，北京：北京大学出版社，1999年，第142页。

②　（汉）孔安国传，（唐）孔颖达疏：《尚书正义》，北京：北京大学出版社，1999年，第142页。

③　（清）纪昀、陆锡熊、孙士毅等：《景印文渊阁四库全书》，台北：台湾商务印书馆，1986年，第54册，第519页。

④　（清）纪昀、陆锡熊、孙士毅等：《景印文渊阁四库全书》，台北：台湾商务印书馆，1986年，第61册，第52页。

⑤　（清）胡渭：《禹贡锥指》，上海：上海古籍出版社，2013年，第111页。

⑥　顾颉刚、刘起釪：《尚书校释译论》，北京：中华书局，2005年，第590页。

贡》惟织成锦帛之属入篚，他杂贡无入篚者。如兖州之织文，徐州之玄织缟，扬州之织贝，荆州之玄纁玑组，豫州之织纩，皆入于篚。兖州之绨丝枲，豫州之枲絺纻，皆不入篚，此其不易之例也。而《经》文明云'厥篚檿丝'，故知檿丝为织成之物，即茧绸矣。古语谓绸为丝。《诗·干旄》曰'素丝纰之'，《周颂》曰'丝衣其紑'，是皆谓绸为丝者也。伪《孔传》云：'檿桑蚕丝，中琴瑟弦'，非矣。"①《禹贡》兖州"厥篚织文"，徐州"厥篚玄纤缟"，扬州"厥篚织贝"，荆州"厥篚玄纁玑组"，豫州"厥篚纤纩"，入篚者皆为丝织品，故牟氏认为此处檿丝亦当为织成之物。然此说牵强，黄镇成《尚书通考》中已指出精致之物入篚，重而多之物不入篚，此较牟说更为合理，故不必非要将檿丝看作非丝。概言之，我们了解到青州有这样一种物产，其桑木坚实，可作弓、车辕，其丝强韧，可作琴弦，亦可织成厚实坚牢的织品，故用以作为贡物即可。

---

① 顾颉刚、刘起釪：《尚书校释译论》，北京：中华书局，2005 年，第 591 页。

第四章

徐州赋贡研究

第一节　徐州土壤简介

"海、岱及淮惟徐州"，徐州东濒黄海，北依泰山，南临淮水，其境域大致是今山东省泰沂山脉和大汶河以南，并以巨野、金乡一线为西境的鲁南地区，安徽省以砀山、宿县、怀远一线为西境的皖东北地区，以及江苏省淮河以北的苏北地区。

徐州的土质是"赤埴坟"。"赤"为红色，"坟"为高起肥沃的松软土壤，上文已有释义，此处不再赘述。历代歧解主要集中在"埴"的音义上。《释文》："埴，市力反，郑（玄）作'哉'。徐（邈）、郑、王（肃）皆读曰炽，韦昭音试。"[1] 可知"埴"的读音说法不一，郑玄以"埴"为"哉"，与王肃、徐邈等皆读作"炽"，并云："哉读曰炽。炽，赤也。"[2] "埴"作赤色、红色讲，韦昭、陆德明等则读为"试"，今《汉语大词典》中"埴"音同"植"，皆不同于二说，故取今说。

"埴"，《释名·释地》："土黄而细密曰埴。埴，膱（本作腻，依毕校改）也。黏昵如脂之膱也。"[3] 伪孔传："土黏曰埴。"[4]《周礼·考工记》中有："搏埴之工二"，郑玄注："埴，黏土也。"[5] 可见"埴"本身是"黏土"的意思；《蔡传》："周有抟埴之工。老氏言：'埏埴以为器。'惟土性黏腻细密，故可抟、可埏也。"[6] "埴"因其黏腻细密的土性，故可用水调和，随意揉捏，制成各种器皿；林氏《全解》："此州之土，色而别之则赤，性而别之则有

① 顾颉刚、刘起釪：《尚书校释译论》，北京：中华书局，2005 年，第 603 页。

② （清）王鸣盛：《尚书后案》，北京：北京大学出版社，2012 年，第 123 页。

③ 顾颉刚、刘起釪：《尚书校释译论》，北京：中华书局，2005 年，第 603 页。

④ （汉）孔安国传，（唐）孔颖达疏：《尚书正义》，上海：上海古籍出版社，2007 年，第 204 页。

⑤ （汉）郑玄注，（唐）贾公彦疏：《周礼注疏》，北京：北京大学出版社，1999 年，第 1062 页。

⑥ （宋）蔡沈：《书集传》，南京：凤凰出版社，2010 年，第 47、48 页。

坟、埴之二种。"①综合而言，此州当为红色的黏肥土。今人学者亦多主此说，如屈万里："这里的土壤是红色、有黏性而肥沃的。"②江灏、钱宗武："这一带的土是红色的，又粘又肥。"③

然亦有承郑玄释而不同于此说者。如段玉裁《撰异》云："郑作戠……而改读为炽字，其训则曰：'炽，赤也。'……郑不释戠为黏土者，意以赤炽言色，坟言性，与白壤、黄壤、白坟等一例，倘戠训黏，则与坟为二性，非经之例。"④他认为郑玄释"埴"为"赤"，以"赤埴"言色，"坟"言性，与他州白壤、黄壤、白坟等体例相同，倘"埴"训黏，则与"坟"同为二性，"非经之例"；清人王鸣盛亦云："此经俗儒作埴，训土黏，郑不从者，郑必目验徐州土不黏也。"⑤清人俞樾在郑说的基础上又作进一步推断："郑义亦有未安，既言赤矣，何必又言炽乎？……赤者，赤色也。戠者，杂色也。……土色赤而又聚有诸色，谓之赤戠矣。"⑥认为"埴"（戠）倘若训赤，与前面的"赤"重复，故"埴"当为"杂色"，"赤埴"为"土色赤而又聚有诸色"者。

然今土壤学的探测与研究表明，"赤埴坟"当为第一种义训，即赤色的黏肥土，陈恩凤《禹贡所述土壤之解释》中云："孔颖达称'土黏曰埴'。……埴坟显指黏质丘陵土壤。……徐为今之苏北及皖、鲁边区，丘陵地每为发育于第四纪洪积红色黏土层之棕壤，或即所称赤埴坟。"⑦张汉洁《我国古代对"土壤地理"的研究和贡献》一文中，也认为今苏北及皖鲁边区为古徐州地，"土色赤是因地层关系，现在它的表土多为黑色或棕色，而心土是红色；古代的赤色，可能是现代红色心土所显露。埴为黏土……此外，徐州坟土的分布也不少，和兖、青

① 顾颉刚、刘起釪：《尚书校释译论》，北京：中华书局，2005 年，第 604 页。
② 屈万里：《尚书今注今译》，上海：上海辞书出版社，2021 年，第 47 页。
③ 江灏、钱宗武：《今古文尚书全译》，贵阳：贵州人民出版社，1990 年，第 75 页。
④ 顾颉刚、刘起釪：《尚书校释译论》，北京：中华书局，2005 年，第 604 页。
⑤ （清）王鸣盛：《尚书后案》，北京：北京大学出版社，2012 年，第 123 页。
⑥ 顾颉刚、刘起釪：《尚书校释译论》，北京：中华书局，2005 年，第 604 页。
⑦ 顾颉刚、刘起釪：《尚书校释译论》，北京：中华书局，2005 年，第 605 页。

之坟土相同……所以徐之丘陵地，每为发育于第四纪、洪积、红色黏土层之灰化棕壤及普通棕壤，即所称的'赤埴坟'。"① 由此可知，"赤埴坟"当为赤色的丘陵地黏性肥土，即近代土壤学中的棕壤。

第二节　徐州赋贡问题研究

徐州"厥田惟上中，厥赋中中"，即田第二等，赋第五等。茅瑞徵《禹贡汇疏》笺云："徐州土美，故田第二。凡赋卑于田者，以壤地狭或人工未修也。"② 关于田赋等级差的问题，前文已有论述，此处不再赘述。

"厥贡惟土五色"，即贡五色土。伪孔传："王者封五色土为社，建诸侯则各割其方色土与之，使立社。燾以黄土，苴以白茅，茅取其洁，黄取王者覆四方。"③ 孔疏："传解贡土之意，王者封五色土以为社，若封建诸侯，则各割其方色土与之，使归国立社。其土燾以黄土。燾，覆也。四方各依其方色，皆以黄土覆之。其割土与之时，苴以白茅，用白茅裹土与之。必用白茅者，取其絜清也。……《韩诗外传》云：'天子社广五丈，东方青，南方赤，西方白，北方黑，上冒以黄土。将封诸侯，各取其方色土，苴以白茅，以为社。明有土谨敬絜清也。'蔡邕《独断》云：'天子大社，以五色土为坛。皇子封为王者，授之大社之土，以所封之方色苴以白茅，使之归国以立社，谓之茅社。'是必古书有此说，故先儒之言皆同也。"④ "五色土"是指社稷坛铺垫的五种颜色的土壤：青、红、白、黑、黄，坛的东边是青土，南边是红土，西边是白土，北边是黑

① 张汉洁：《我国古代对"土壤地理"的研究和贡献》，《土壤学报》，1959 年 11 月第 7 卷，第 1—2 期。

② 顾颉刚、刘起釪：《尚书校释译论》，北京：中华书局，2005 年，第 606 页。

③ （汉）孔安国传，（唐）孔颖达疏：《尚书正义》，北京：北京大学出版社，1999 年，第 143 页。

④ （汉）孔安国传，（唐）孔颖达疏：《尚书正义》，北京：北京大学出版社，1999 年，第 143、144 页。

土，上方皆以黄土覆盖，象征天子居于核心统治地位。五色土象征的是全国的土地，蕴含着"普天之下，莫非王土"之义，若封建诸侯，则取其方色土与之，上覆黄土，垫以白茅，归国立社，是为茅社。

"五色土"用以天子或诸侯分封立社，其实早在古籍《逸周书》中已有记载，其《作雒解》云："诸侯受命于周，乃建大社于国中，其壝东青土，南赤土，西白土，北骊土，中央釁以黄土。将建诸侯，凿取其方一面之土，燾以黄土，苴以白茅，以为社之封。"① 《作雒解》篇成书较早，蕴含着明显的五色配五方思想，汉人之说当沿袭于此；《汉书》中记载："武帝赐齐王闳策曰受兹青社，燕王旦曰玄社，广陵王胥曰赤社，盖古之遗制犹存。"② 此分封诸侯王的礼制，便是按照这一学说制定的。

五色土除用于分封立社外，还用于古时天子封禅。《史记·封禅书》记武帝至泰山封禅："天子皆亲拜见，衣上黄，而尽用乐焉。江淮间一茅三脊，为神籍五色土，益杂封。"③ 用江淮一带出产的有三条脊骨的茅草作为神灵的荐席，用五色土填满祭坛，描绘了当时封禅的情景。

徐州贡五色土的历史在古籍中多有记载，如《释名·释地》："徐州贡五色土，有青、黄、赤、白、黑也。"④ 《汉书·郊祀志》元始五年，令"徐州牧岁贡五色土各一斗也。"⑤ 《史记·正义》引《太康地记》云："城阳姑幕（今山东省诸城西南五十里）有五色土，封诸侯赐之茅土，用为社。此土即《禹贡》徐州土也。"⑥ 《元和郡县图志》："徐州，开元贡五色土各一斗。"⑦ 《太平

①　顾颉刚、刘起釪：《尚书校释译论》，北京：中华书局，2005 年，第 607 页。
②　（清）胡渭：《禹贡锥指》，上海：上海古籍出版社，2013 年，第 128 页。
③　顾颉刚、刘起釪：《尚书校释译论》，北京：中华书局，2005 年，第 607 页。
④　顾颉刚、刘起釪：《尚书校释译论》，北京：中华书局，2005 年，第 607 页。
⑤　（清）胡渭：《禹贡锥指》，上海：上海古籍出版社，2013 年，第 128 页。
⑥　李长傅：《禹贡释地》，郑州：中州书画社，1982 年，第 50 页。
⑦　李长傅：《禹贡释地》，郑州：中州书画社，1982 年，第 50 页。

寰宇记》："赭土山在县（彭城县，今江苏省铜山县）北三十五里，《尚书·禹贡》徐州厥贡惟土五色。"① 可见徐州历朝历代都有进贡五色土的惯例。《徐州新志》："萧县东南山出白土，西山出红土。"②《水经注》："姑幕县有五色土，王者封建诸侯，随方受之。"③《锥指》："姑幕，汉属琅邪郡……古青、徐接壤处也。汉琅邪郡隶徐州，元始之贡，疑即是此地所出。"④ 如今在徐州市城西的大彭镇楚王山上的千佛寺内，还发现有青、红、白、黑、黄五色土，其中部分土虽已凝固如石块，但仍然色彩缤纷；今天北京中山公园内，仍保留着清代所建的五色土祭坛，就是沿用上述规定来的。

"羽畎夏翟"。

"羽畎"，即羽山沟谷。

"夏翟"，《史记》《汉书》均作"狄"，可知"狄"、"翟"为通假字。《说文》："翟，山雉。"⑤ 知"翟"是山鸡或山鸟的意思，郑玄："羽山之谷，贡夏翟之羽。"⑥ 即贡奉羽山谷"夏翟"的羽毛；孔疏："《释鸟》云：'翟，山雉。'此言'夏翟'，则夏翟共为雉名。"⑦ 将"夏翟"共作山鸡或山鸟讲。

关于"夏"，大致有两种解释。《周礼·天官》"秋染夏"，郑众注："夏，大也。狄也大染。"⑧ 马士远、傅永聚《四书五经普及读本》："羽山山

———————————

① 李长傅：《禹贡释地》，郑州：中州书画社，1982 年，第 50 页。

② （清）胡渭：《禹贡锥指》，上海：上海古籍出版社，2013 年，第 128 页。

③ （清）胡渭：《禹贡锥指》，上海：上海古籍出版社，2013 年，第 128 页。

④ （清）胡渭：《禹贡锥指》，上海：上海古籍出版社，2013 年，第 128 页。

⑤ 顾颉刚、刘起釪：《尚书校释译论》，北京：中华书局，2005 年，第 608 页。

⑥ （清）孙星衍：《尚书今古文注疏》，北京：中华书局，2017 年，第 155 页。

⑦ （汉）孔安国传，（唐）孔颖达疏：《尚书正义》，上海：上海古籍出版社，2007 年，第 205 页。

⑧ 顾颉刚、刘起釪：《尚书校释译论》，北京：中华书局，2005 年，第 610 页。

谷的大山鸡。"① 黄怀信："夏：大。翟（dí）：长尾野鸡。……羽山山谷中的大野鸡。"② 都将"夏"作大讲，这是第一种解释；第二种，林氏《全解》："郑氏注曰：'……《禹贡》徐州贡此夏翟之羽，有虞氏以为绥，后世或无，故染鸟羽象而用之。'又：《染人》'秋染夏'，郑氏注：'云染夏者，染五色也。'以是知夏翟者，雉之具五色者也。"③ "夏"为五色，"夏翟"是羽山所出的五色雉羽，在没有这种羽毛时，就用其他羽毛照样染成雉羽的五色，这也是夏翟。此当为正确的解释。

夏翟在古代用途广泛，如《礼记·学记》："干戚旄狄以舞之。"④ 是说夏翟可以作舞饰；孔疏："《周礼·司常》云：'全羽为旞，析羽为旌。'用此羽为之，故云羽中旌旞也。"⑤ 夏翟可以作旌旞；蔡沈《书集传》："林氏曰：'古之车服器用以雉为饰者多，不但旌旞也。'"⑥ 是说夏翟还可作车服器用的装饰。

关于"夏翟"，还有几种不准确的解释：

一、《锥指》："师旷《禽经》：五采备曰翚，亦曰夏翟。《注》云：雉尾至夏则光鲜也。渭按：夏读若'槚'，非春夏之夏，注谬。郭璞《尔雅》注曰：伊、雒而南，雉素质，五采皆备曰翚。《诗》云'如翚斯飞'，言其文之奂散也。翚即夏翟审矣。"⑦ 释"夏"为春夏之"夏"，或读"夏"为"槚"，或将伊雒之南的"翚"作"夏翟"讲，皆不确。

①　马士远、傅永聚：《四书五经普及读本》，北京：线装书局，2016年，第531页。

②　黄怀信：《尚书注训》，济南：齐鲁书社，2002年，第69、70页。

③　（清）纪昀、陆锡熊、孙士毅等：《景印文渊阁四库全书》，台北：台湾商务印书馆，1986年，第55册，第154、155页。

④　顾颉刚、刘起釪：《尚书校释译论》，北京：中华书局，2005年，第609页。

⑤　（汉）孔安国传，（唐）孔颖达疏：《尚书正义》，上海：上海古籍出版社，2007年，第205页。

⑥　（宋）蔡沈：《书集传》，南京：凤凰出版社，2010年，第48页。

⑦　（清）胡渭：《禹贡锥指》，上海：上海古籍出版社，2013年，第129页。

二、清人简朝亮："南方离明，则夏也。《易·说卦》曰：'离为雉。'……南离之象为雉，夏翟也。徐州东南而有淮，其夏翟曰翚、曰鹞、曰寿者乎，而其贡则惟名夏翟矣。"① 以五行、五方、八卦说将"夏"与方位联系起来，又将"夏翟"作东南雉鸟的总称，概念不清，牵强附会。

三、李长傅："夏翟为立夏采取之雉，其羽作旌旄车服器用之装饰。徐文靖说：夏邑在江、淮间，所产之雉，称夏雉。此说费解。"② 将"夏翟"释作立夏采取之雉，其引文中的徐文靖释"夏"为夏邑地区，"夏翟"为夏邑所产之雉，这些皆不确。

综上所述，"夏翟"当为羽山山谷进贡的羽毛五采的山雉，其羽可作车饰、旌旄、舞饰等。

"峄阳孤桐"。

峄阳，王先谦《尚书孔传参正》："峄山在邳州西北峄县（今枣庄市南）东，峄县以此名。"③ 大致来说，从邹县峄山起，山脉迤逦向东南，络绎于邹县、滕县、薛城一线之东，至旧峄县境内，即邳县西北，此地当为峄阳。

孤桐，伪孔传："孤，特也。峄山之阳特生桐，中琴瑟。"④ 可知"孤"是特异的意思，"孤桐"指峄山之阳特生的桐树。应邵《风俗通义》："梧桐出峄阳山，采东南孙枝为琴，声甚清雅。"⑤ 云峄山产的桐树，适宜制琴；《锥指》引金履祥云："桐性虚特，生于山阳，则清虚特异，贡之以为琴瑟，后世难得，则取凡桐之旧者为之。谓桐不百年，则木之生气不尽，木生气尽，而后能与天地

---

① 顾颉刚、刘起釪：《尚书校释译论》，北京：中华书局，2005 年，第 610 页。

② 李长傅：《禹贡释地》，郑州：中州书画社，1982 年，第 50 页。

③ 顾颉刚、刘起釪：《尚书校释译论》，北京：中华书局，2005 年，第 612 页。

④ （汉）孔安国传，（唐）孔颖达疏：《尚书正义》，北京：北京大学出版社，1999 年，第 144 页。

⑤ （清）胡渭：《禹贡锥指》，上海：上海古籍出版社，2013 年，第 130 页。

阴阳之气相应也。"①提到了峄阳桐木适宜制琴的特点。

到了后世文学作品中，"孤桐"之"孤"渐渐偏离本意，衍变成了单独、孤单的意思，如张协《七命》中的"寒山之桐"："含黄钟以吐干，据苍岑而孤生。"②嵇康的《琴赋》："惟椅梧之所生兮，托峻岳之崇冈。含天地之醇和兮，吸日月之休光。"③以孤单之桐的意象来展现自己孤寂的人生，已不同于《禹贡》中的"孤桐"之意。

"泗滨浮磬"。"泗滨"，即泗水之滨，关于泗水之滨的"浮磬"，历来歧义纷繁：

一、孔疏："泗水旁山而过，石为泗水之涯，石在水旁，水中见石，似若水中浮然，此石可以为磬，故谓之'浮磬'也。"④云泗水滨的石头，远望若在水中漂浮，而这种石头又是可以制磬的，故而称作"浮磬"。

二、《锥指》引明人周希圣云："浮，过也。与'名浮于实'之'浮'同。惟泗滨之石，其高过于水上者，可以为磬。"⑤将"浮"释作"高"，泗水中高出水面的石头，可以制磬，故称"浮磬"。其实他这一说法与孔颖达的解释有相通之处，前者理解为若石浮水面，后者释石高出水面，本质上都是石出水面，故胡渭说："周氏小与孔疏异，犹不相背云。"⑥

三、林之奇对上述二说提出异议，其《全解》云："据此二说，其意盖谓石非浮物，故从而为此辞。要之，不必须浮于水上然后谓之浮。磬之为器必聚其

---

① （清）胡渭：《禹贡锥指》，上海：上海古籍出版社，2013 年，第 130 页。

② （清）胡渭：《禹贡锥指》，上海：上海古籍出版社，2013 年，第 130 页。

③ （清）胡渭：《禹贡锥指》，上海：上海古籍出版社，2013 年，第 130 页。

④ （汉）孔安国传，（唐）孔颖达疏：《尚书正义》，北京：北京大学出版社，1999 年，第 144 页。

⑤ （清）胡渭：《禹贡锥指》，上海：上海古籍出版社，2013 年，第 131 页。

⑥ （清）胡渭：《禹贡锥指》，上海：上海古籍出版社，2013 年，第 131 页。

石之最轻者，然后其声清越以长，但以轻故谓之浮矣。不云浮石而云浮磬者，曾氏曰：'成磬而后贡之。'"①认为不一定非是浮出水面者才叫浮，磬作为乐器，必定是采集石头中最轻者，轻者声音清越悠长，因而"浮"应释作"轻"的意思；然文中不说浮石而说浮磬，是因徐州将浮石制成磬之后进贡，故称"浮磬"，这是第三种理解。对于此说，胡渭提出异议，其《锥指》云："浮磬，先儒皆以为供石，曾彦和曰：'不云浮石而云浮磬者，成磬而后贡之。'《蔡传》二义兼收。愚谓曾说非是。夔曰：予击石拊石。石即磬也。已成之磬可称石，则石之宜为磬者，因其用以名其质，亦可称磬。磬即石之名。《太康地记》谓之磬石，是其义也。"②《尚书·舜典》："予击石拊石，百兽率舞。"伪孔云："石，磬也。"③胡氏认为既然磬可称石，石亦可制磬，磬、石之名可以互换，故这里的"浮磬"应为贡石的意思。

四、宋薛季宣《书古文训》："浮磬，磬石。泗滨磬石今皆浮生地中不根著也。"④薛氏根据当时的情形，看到泗滨磬石皆浮生地中，扎根不牢固，由此来定义"浮磬"，元人黄镇成袭用了这一说法，其《尚书通考》云："浮磬出泗水之滨，非必水中，盖浮生土中不根著者。"⑤直接否定了浮磬与水的关联，赞同薛氏之说。

五、元人金履祥《书经注》："浮磬如今砚石之取子石者，盖石根不著岩崖而特生，故谓之浮。"⑥这是第五说。

对于上述这些说法，胡渭认为"皆不如旧解。"⑦今人顾颉刚认为，人们对

① （宋）林之奇：《尚书全解》，北京：人民出版社，2019年，第133页。
② （清）胡渭：《禹贡锥指》，上海：上海古籍出版社，2013年，第131、132页。
③ （汉）孔安国传，（唐）孔颖达疏：《尚书正义》，北京：北京大学出版社，1999年，第79页。
④ 顾颉刚、刘起釪：《尚书校释译论》，北京：中华书局，2005年，第613页。
⑤ （清）胡渭：《禹贡锥指》，上海：上海古籍出版社，2013年，第131页。
⑥ （清）胡渭：《禹贡锥指》，上海：上海古籍出版社，2013年，第131页。
⑦ （清）胡渭：《禹贡锥指》，上海：上海古籍出版社，2013年，第131页。

"浮磬"寻求这么多的解释，说明了它是一无法确认其义的专用词，其语源已亡，因而不必过多追寻其原义，只把它看作是一种可以治磬的石头，而且古人称作"浮磬"的就可以了；茅瑞徵《禹贡汇疏》笺云："此州制贡，大略并供礼乐之用。"① 可知徐州"浮磬"主要是贡到王室内，作乐器之用。

"泗滨浮磬"在古代作为贡物由来已久，其在漫长的历史中，很长时间都是作为宫廷乐器，以供祭祀等礼乐活动之用。胡渭《锥指》："泗滨，先儒但云泗水之涯，而不言在何县。"② 然许多典籍中都有关于"浮磬"产地的记载，从这些材料中我们也可以间接地窥见一些信息。

关于"泗滨浮磬"所在地的记载，最早为《水经注》，"又东南过吕县南"下云："吕，宋邑也。……晋《太康地记》曰：'水出磬石，《书》所谓"泗滨浮磬"者也。'"③ 这是晋代关于《禹贡》"泗滨浮磬"所在地的指实记载；《夏本纪·正义》引《括地志》云："泗水至彭城吕梁出磬石。"④《锥指》："高诱《淮南子》注云：吕梁在彭城吕县，石生水中，禹决而通之。盖即磬石之所出也。"⑤ 都记载了吕梁水中曾出磬石；据胡渭考证，吕梁水中确实是出过磬石的，其《锥指》云："磬石盖实出吕梁水中，历年已久，水上之石采取殆尽，余皆没水。吕梁湍激，艰于采取。"⑥ 但由于年代久远，水中磬石采取殆尽，再加上水流湍急，采取艰难，而"灵璧县北山之石色苍碧，琢之可以为磬"，"声亦清越"，因而后来就改用灵璧山上的磬石了。灵璧县为今安徽宿县西北，其与下邳县接壤，二者同属于泗州，许多材料中都提到的磬石山，无论是说下邳境内或灵璧境内，其实指的都是一山，如《隋书·地理志》下邳郡下邳县云：

① 顾颉刚、刘起釪：《尚书校释译论》，北京：中华书局，2005年，第616页。
② （清）胡渭：《禹贡锥指》，上海：上海古籍出版社，2013年，第131页。
③ 顾颉刚、刘起釪：《尚书校释译论》，北京：中华书局，2005年，第614页。
④ 顾颉刚、刘起釪：《尚书校释译论》，北京：中华书局，2005年，第614页。
⑤ （清）胡渭：《禹贡锥指》，上海：上海古籍出版社，2013年，第131页。
⑥ （清）胡渭：《禹贡锥指》，上海：上海古籍出版社，2013年，第132页。

"有峄山、磬石山"，即指的这一山。

在唐代以前，泗滨的浮磬一直是作为贡品，用作郊庙祭礼的乐器，直到唐天宝年间，始废泗滨石而改用华原石，如白居易《华原磬》诗序："天宝中，始废泗滨磬，用华原石代之。询诸磬人，则曰：故老云泗滨声下，调不能和，得华原磬考之，乃和，由是不改。其诗曰：磬襄入海去不归……华原磬与泗滨石，清浊两声谁得知？……泗滨磬废已久。"① 茅瑞徵《禹贡汇疏》引《雍大记》云："耀州……东五里有磬石山，出青石，唐天宝中取为磬，其后郊庙乐遂废泗滨磬。"②（耀州，即隋唐时期的华原，位于今陕西耀县）这些材料均记载了唐天宝年间废泗滨磬而改用华原磬的事，由此我们可以了解到先秦至唐代，泗水之滨的磬石一直都是作为贡物，作为王室郊庙祭祀的乐器的。到了宋代，又用灵璧的磬石，如乐史《寰宇记》在提到下邳磬石时云："泗水中无此石，其山在泗水之南四十里。今取磬石，上供乐府。其山出石，可以为磬，大小击之，其声清亮。"③ 可知宋时进贡的是灵璧磬石山的石头，《锥指》引苏轼《游戏马台诗》"坐听郊原琢磬声"，后云："是亦复用灵璧之一证也。"④ 作为宋时复贡用灵璧石的证据之一。到了明朝时期，依旧以泗滨磬石作为贡物，如《禹贡汇疏》引曹学佺言："浮磬，今泗水中无此石，其下邳西南磬石山，在泗水南四十里。采磬石以供乐府，大小声皆清越。"⑤ 可见明时依旧进贡泗滨磬石以供乐府，治成乐器后，供以宗庙祭祀等礼乐活动之用。

"淮夷蠙珠暨鱼"。

"淮夷"，即居住在淮水流域的少数民族。淮夷并非一个国家，而是统称，据顾颉刚、刘起釪等考证，淮夷是我国古代属于东方鸟夷族的少数民族，早先居

---

① （清）胡渭：《禹贡锥指》，上海：上海古籍出版社，2013 年，第 132 页。

② 顾颉刚、刘起釪：《尚书校释译论》，北京：中华书局，2005 年，第 615 页。

③ 顾颉刚、刘起釪：《尚书校释译论》，北京：中华书局，2005 年，第 615 页。

④ （清）胡渭：《禹贡锥指》，上海：上海古籍出版社，2013 年，第 132 页。

⑤ 顾颉刚、刘起釪：《尚书校释译论》，北京：中华书局，2005 年，第 615 页。

住在今山东省潍水一带，到了商代，已有一部分迁居今苏皖淮水流域，但其大部分仍居山东境内而成为西周初年鲁国东面的敌人，商、周时期的中原王朝与淮夷多有征伐，后被吴、越、楚等国吞并。

蠙珠，《释文》："蠙音蒲边反……字又作蚌，韦昭薄迷反，蚌也。"[①]伪孔："蠙珠，珠名。淮、夷二水出蠙珠……"[②]孔疏："蠙是蚌之别名，此蚌出珠，遂以蠙为珠名。"[③]可知蠙是蚌之别名，因产珠，故以"蠙珠"并称。

暨，《蔡传》："暨，及也。"[④]即淮夷贡的是蚌及美鱼。

关于"鱼"的释义，历来争议较大。蔡沈《书集传》："珠为服饰，鱼用祭祀。今濠、泗、楚皆贡淮白鱼，亦古之遗制欤？"[⑤]认为"鱼"是用以祭祀的淮河白鱼。胡渭《锥指》引宋人黄文叔云："蠙鱼生珠，既贡珠又枯其鱼贡之。"[⑥]"鱼"为蠙鱼，既贡其珠又晒干后作贡物；然胡氏驳斥了上述两说，其《锥指》云："蠙鱼生珠，既贡珠又枯其鱼贡之，说本薛氏。文鲵之枯鱼，可致远也。以蠙鱼为一物，并'暨'字亦抹杀矣。况文鲵又不闻为蠬独美乎。《蔡传》云：珠为服饰，鱼用祭祀。今濠、泗、楚皆贡淮白鱼，亦古之遗制欤。按《寰宇记》：楚州产淮白鱼，又涟水军产淮白鱼、海鲻鱼。蔡说本此。然淮鱼之美者，岂独一白鱼。以宋制释《禹贡》，终无根据。"[⑦]认为若以蠙鱼为一物，则无须"暨"字，且无蠙鱼死后味美的说法；《蔡传》以淮白鱼当之，然淮鱼之

---

① （汉）孔安国传，（唐）孔颖达疏：《尚书正义》，北京：北京大学出版社，1999年，第144页。

② （汉）孔安国传，（唐）孔颖达疏：《尚书正义》，北京：北京大学出版社，1999年，第144页。

③ （汉）孔安国传，（唐）孔颖达疏：《尚书正义》，北京：北京大学出版社，1999年，第144页。

④ （宋）蔡沈：《书集传》，南京：凤凰出版社，2010年，第48页。

⑤ （宋）蔡沈：《书集传》，南京：凤凰出版社，2010年，第48页。

⑥ （清）胡渭：《禹贡锥指》，上海：上海古籍出版社，2013年，第135页。

⑦ （清）胡渭：《禹贡锥指》，上海：上海古籍出版社，2013年，第135页。

美者，不独白鱼，故此说亦不确。此外，胡氏经过多方考证，认为这里的"鱼"当是王鲔，其《锥指》详云："（《说文》：鲔，鮥也。今谓之鲟鱼。鲟，一作'鳣'。郭璞《尔雅注》曰：鳣属，大者名王鲔，小者叔鲔。）《月令》：季春，天子荐鲔于寝庙。是鱼莫重于鲔也。张衡《东京赋》：王鲔岫居。薛综注云：山有穴曰岫，长老言王鲔从南方来，出此穴中，入河水，见日目眩，浮水上，钓人取之以献，天子用祭。其穴在河南小平山。《水经注》：河水东过巩县北，有山临城，谓之釜崄邱。其下有穴，谓之巩穴，言潜通淮浦（今本《水经注》脱'淮'字，《后汉·光武纪注》引此文云'潜通淮浦'。今从之。）北达于河。直穴有渚，谓之鲔渚。成公子安《大河赋》曰：鳣鲤王鲔，暮春来游。《周礼》春荐鲔。然非时及他处则无……按巩穴所潜通者，即徐之淮浦。薛综云南方，正谓此也。盖禹时河中无鲔，唯淮浦有之，故令淮夷贡鲔。后世鲔由巩穴而出。《周颂》曰'有鳣有鲔'。漆、沮之鱼也。《卫风》曰'鳣鲔发发'。东河之鱼也。上下游泳，中土往往有之，不必远取之徐方矣。推寻事迹，容或如此，识之以待博物者。"[1] 引《周礼》、《东京赋》、薛综注、成公子安《大河赋》等，认为此"鱼"当为中土稀有之物——王鲔。鲔自古用以庙堂祭祀，且《水经注》中的"鲔渚"，亦合《禹贡》贡道，故"鱼"当为淮浦地区的王鲔。孙星衍据《周礼》《礼记》等，认为"鱼"当为鲍鱼、鱐鱼，其《尚书今古文注疏》云："《周礼·笾人》：'朝事之笾有鲍鱼、鱐。'注云：'鲍者，于楅室中糗干之，出于江、淮也。鱐者，析干之，出东海。王者备物，近者腥之，远者干之，因其宜也。'……云'美鱼'者，《礼器》云：'三牲鱼腊，四海九州之美味也。'"[2] 今人邵望平通过考证，认为"鱼"应是另一种"水中兽"，即两栖爬行动物鳄鱼，其在《〈禹贡〉九州风土考古学丛考》中云："……鳄鱼在商代已见诸文字，甲骨文鼍字即作鳄形。……笔者参与发掘的山东滕县一处商代墓地上，亦有随葬鳄皮制品的墓。……并非始于商代，山西襄汾陶寺的龙山文化大

---

① （清）胡渭：《禹贡锥指》，上海：上海古籍出版社，2013年，第135、136页。

② （清）孙星衍：《尚书今古文注疏》，北京：中华书局，2017年，第156、157页。

墓中有布鼓和石磬同出。……《禹贡》记载在兖、豫交界地带分布着雷夏泽……孟诸泽……正是鳄鱼生存的良好环境。可以认为泰安、泗水、兖州、滕县各地所发现的商代以前的鳄皮制品都是就地取材。……《禹贡》记徐州之鱼，当是皮可以为饰的鳄鱼。以鳄皮为贡品，是完全可能的。"[①] 其通过考查山东、山西等地的出土文物，认为淮水所在的兖、豫交界地带是《禹贡》时期鳄鱼生存的良好环境，而泰安、泗水、兖州、滕县等地所发现的商代以前的鳄皮制品都是就地取材，故以鳄鱼为贡品，是完全可能的。此说当是较科学合理的解释。

"厥篚玄纤缟"。

"厥"：其；"篚"是古代盛物的竹器，前文已有阐释，此处不再赘述。

"玄纤缟"，历来争议较多，大致来说，有以下五种说法：

一、"玄纤缟"：细的黑白色丝织品。伪孔："玄，黑缯。缟，白缯。纤，细也。纤在中，明二物皆当细。"[②] 玄、缟为名词：黑、白丝织品，纤是形容词，修饰前后二者，即篚子里面装的是细的黑白色丝织品。孔疏承此说，亦云："篚之所盛，例是衣服之用。此单言'玄'，玄必有质。玄是黑色之别名，故知'玄'是黑缯也。《史记》称高祖为义帝发丧，诸侯皆缟素，是'缟'为白缯也。"[③] 认为"玄"本黑色，这是指代黑色丝织品，"缟"是白色丝织品。此外，苏轼《书传》："玄，黑缯。缟，白缯。纤，细也。"[④] 王鸣盛《后案》："郑云'纤，细也'者，《说文》卷十三上糸部文也。又云'祭服之材尚细'者，《周礼》齐服有玄端，又有素端，是祭服有玄、缟也。传云'玄，黑缯。缟，白缯'者，《汉书》'灌婴贩缯'注：'缯者，帛之总名。'故以玄、缟皆

---

① 顾颉刚、刘起釪：《尚书校释译论》，北京：中华书局，2005 年，第 621、622 页。

② （汉）孔安国传，（唐）孔颖达疏：《尚书正义》，上海：上海古籍出版社，2014 年，第 206 页。

③ （汉）孔安国传，（唐）孔颖达疏：《尚书正义》，上海：上海古籍出版社，2014 年，第 206 页。

④ （清）纪昀、陆锡熊、孙士毅等：《景印文渊阁四库全书》，台北：台湾商务印书馆，1986 年，第 54 册，第 520 页。

为缯。《周礼·染人》注：六入为玄，其色緅缁之间，赤而有黑色。《尔雅》：'缟，皓也。'故以玄为黑，缟为白也。"①亦引用古籍，说明玄、缟皆为缯，只不过玄为赤黑色丝织品，缟为白色织品。此外，今人曾运乾、王世舜等亦皆持此说。

二、"玄纤缟"：黑细缯和白缯。如颜师古："玄、黑也。纤，细缯也。缟，鲜支也，即今所谓素也。言献黑细缯及纤支也。"②"玄"为形容词黑色，修饰名词"纤"、"缟"，"纤"为细缯，"缟"为白缯，装的是黑色细缯和白缯；胡渭《锥指》："参考诸家，总不如颜说之当。"③今人顾颉刚、刘起釪、江灏、钱宗武、马士远、傅永聚、李民、王健等亦皆持此说。

三、"玄纤缟"：三种颜色的丝织品。如《锥指》引曾彦和云："先儒以黑经白纬为纤。徐州之筐，玄也、纤也、缟也，凡三物。释者以玄缟为二物，误矣。"……④玄、纤、缟皆为名词，即筐子里装的是三物而非两物；宋人夏僎亦云："玄，黑缯也；纤，黑经白纬之缯也；缟，白缯也。"⑤

四、"玄纤缟"：双丝、绫、绢、绵、䌷布等丝织品。如宋祁、欧阳修《新唐书·地理志》："徐州贡双丝、绫、绢、绵、䌷布。"⑥李长傅《禹贡释地》："《宋史·地理志》：'袭庆府贡大花绫。'袭庆府，今山东兖州，在济水南，属《禹贡》徐州地。从上述可知，自《禹贡》至唐、宋，徐州以盛产丝绸著称。'玄纤缟'皆手工丝织品，故贡筐。"⑦"玄纤缟"为丝织品的统称。

---

① （清）王鸣盛：《尚书后案》，北京：北京大学出版社，2012 年，第 126 页。
② 顾颉刚、刘起釪：《尚书校释译论》，北京：中华书局，2005 年，第 622 页。
③ （清）胡渭：《禹贡锥指》，上海：上海古籍出版社，2013 年，第 138 页。
④ （清）胡渭：《禹贡锥指》，上海：上海古籍出版社，2013 年，第 137 页。
⑤ 郭仁成：《尚书今古文全璧》，长沙：岳麓书社，2006 年，第 52 页。
⑥ 李长傅：《禹贡释地》，郑州：中州书画社，1982 年，第 51、52 页。
⑦ 李长傅：《禹贡释地》，郑州：中州书画社，1982 年，第 52 页。

五、"玄纤缟"：赤黑色钱币和纤、缟织物。《蔡传》："玄，赤黑色币也。《武成》曰：'篚厥玄黄。'纤、缟皆缯也。《礼》曰：'及期而大祥，素缟麻衣。中月而禫，禫而纤。'《记》曰：'有虞氏缟衣而养老。'则知纤、缟皆缯之名也。"①玄是赤黑色钱币，纤、缟为丝织品名称，即装的赤黑色钱币和名为纤、缟的丝织品。这是一不同于前儒的说法。

六、"玄纤缟"：黑色厚绢和白绢。如黄怀信《尚书注训》："玄：黑色。纤：厚绢，绸子。缟：白绢。……竹篚里装黑绸子和白绢。"②玄为黑色，修饰纤，纤为厚绢，缟为白绢，这亦是不同于前人的一种说法，今人樊东等赞同此说。

纵观"玄纤缟"的释义，可谓众说纷纭。按：《礼记·间传》"禫而纤"，郑玄注："黑经白纬曰纤。"③可知"纤"是黑经白纬纱线织成的织物名；《小尔雅·广诂》："缟，素也。"④《汉书·食货志》"上履丝曳缟"，注："缟，皓素也，缯之精白者。"⑤可知"缟"为素丝织品；而"玄"，《诗经·七月》"载玄载黄"《毛传》："玄，黑而有赤也。"⑥沈括《梦溪笔谈》："世以玄为浅黑色……玄乃赤黑色，燕羽是也，故谓之玄鸟。熙宁中，京师贵人戚里多衣深紫色，谓之'黑紫'，与皂相乱，几不可分，乃所谓玄也。"⑦知"玄"是表示赤黑色的形容词，故"玄纤缟"当为赤黑色的细缯和白色丝织品。

① （宋）蔡沈：《书集传》，南京：凤凰出版社，2010年，第48页。
② 黄怀信：《尚书注训》，济南：齐鲁书社，2002年，第70页。
③ 顾颉刚、刘起釪：《尚书校释译论》，北京：中华书局，2005年，第622页。
④ 顾颉刚、刘起釪：《尚书校释译论》，北京：中华书局，2005年，第622页。
⑤ 顾颉刚、刘起釪：《尚书校释译论》，北京：中华书局，2005年，第622页。
⑥ 顾颉刚、刘起釪：《尚书校释译论》，北京：中华书局，2005年，第622页。
⑦ 顾颉刚、刘起釪：《尚书校释译论》，北京：中华书局，2005年，第623页。

第五章

扬州赋贡研究

第一节 "扬州"命名考

"淮海惟扬州",今人刘起釪考清人江声《音疏》据《曹魏碑》等,认为"扬"当作"杨";段玉裁《尚书撰异》据《诗经·扬之水》毛传等,亦作"杨";此外,皮锡瑞《今文尚书考证》补充宋本《史记》亦作"杨州",可见"扬""杨"为同音通假字,其实为一字。

关于扬州名称的来历,历来说法不一。《尔雅·释地》只云:"江南曰扬州。"[①]东汉李巡云:"江南其气惨劲,厥性轻扬,故曰扬州。"[②]《释文》引《太康地记》云:"以扬州渐太阳位,天气奋扬,履正含文明,故取名焉。"[③]将"扬州"名称与当地气候联系起来;东汉刘熙:"扬州州界多水,水扬波也。"[④]《锥指》引黄文叔云:"扬州吴、越之域,地尽南海,皆扬土也。"[⑤]又认为"扬州"的名称与地理环境有关。这些说法其实都较牵强,今人顾颉刚《尚书研究讲义》丁种《九州之说是怎样来的》文中云:"春秋时,鲁之南有徐,徐之南有吴,吴之南有越。……徐与吴以淮为界,吴与越以太湖为界。如果九州之名由春秋时人定了,则徐国为徐州,徐州之南应为'吴州'才是。到哀二十二年,越灭吴,越随奄有江淮流域。……现在《禹贡》里,徐州之南为扬州。……按扬与越为双声……可通用。……《大雅·江汉》云'对扬王休',《周颂·清庙》云'对越在天'(由'对扬'与'对越'同用,就确知字当作'扬',作'杨'误)。……又越亦称'于越'……《战国策·秦策三》'吴起……南攻扬越',《史记·南越列传》'秦时已并天下,略定扬越'是也。

---

① (清)孙星衍:《尚书今古文注疏》,北京:中华书局,2017年,第158页。

② (清)孙星衍:《尚书今古文注疏》,北京:中华书局,2017年,第158页。

③ (清)孙星衍:《尚书今古文注疏》,北京:中华书局,2017年,第158页。

④ (清)孙星衍:《尚书今古文注疏》,北京:中华书局,2017年,第158页。

⑤ (清)胡渭:《禹贡锥指》,上海:上海古籍出版社,2013年,第147页。

扬和越的关系这样密切，所以《禹贡》里的扬州无异说是'越州'。"[1] 可知"扬""越"通用，"扬州"即"越州"，"扬越"关系密切，故"扬州"而非"杨州"，这是"扬州"来历较为合理的解释。

第二节　扬州田赋问题研究

扬州"厥土惟涂泥"。涂泥，《史记集解》引马融云："渐洳也。"[2] 渐洳，即低湿、泥泞的意思；伪孔："地泉湿。"[3]《蔡传》："涂，泥水泉湿也。下地多水，其土淖。"[4]《释名》："涂，杜也。泥，近也。以水沃土使相黏近也。"[5] 可知"涂泥"是水湿泥淖的土地。涂泥主要分布在荆州和扬州，陈恩凤先生认为荆扬为今之湖南、湖北、江苏、浙江、皖南等地，为我国主要湿土（水稻土，南方沼泽土等）分布区，当地土地低湿，水多泥淖，独宜水稻，故二者正相吻合。

"厥田唯下下，厥赋下上，上错。"伪孔："田第九，赋第七，杂出第六。"[6] 即田为最下第九等，赋第七等，但可浮动杂用第六等。扬州田为最低等，然赋又为第七者，林氏《全解》云："盖东南之地最为卑湿故也。……而其赋乃出于第七，或出于第六者，人工修也。"[7] 继又引秦少游云："今之所谓沃壤者，莫如吴、越、闽、蜀，一亩所入比他州辄数倍。""彼吴、越、闽、蜀

---

① 顾颉刚、刘起釪：《尚书校释译论》，北京：中华书局，2005 年，第 625 页。

② 顾颉刚、刘起釪：《尚书校释译论》，北京：中华书局，2005 年，第 631 页。

③ （汉）孔安国传，（唐）孔颖达疏：《尚书正义》，北京：北京大学出版社，1999 年，第 146 页。

④ （宋）蔡沈：《书集传》，南京：凤凰出版社，2010 年，第 49 页。

⑤ 顾颉刚、刘起釪：《尚书校释译论》，北京：中华书局，2005 年，第 631 页。

⑥ （汉）孔安国传，（唐）孔颖达疏：《尚书正义》，北京：北京大学出版社，1999 年，第 146 页。

⑦ （宋）林之奇：《尚书全解》，北京：人民出版社，2019 年，第 137 页。

者，古扬州、梁州地也。案《禹贡》扬州之田第九，梁州之田第七，是此二州之田在九等之中等为最下，而以九州沃壤称者，吴、越、闽、蜀地狭人众，培粪灌溉之功至也。"[1] 可知南北朝战乱，中原人民先后大量南迁，促进了当地生产力水平和水利事业的提高，使得这一地区的最下等田变成了沃野，然《禹贡》成书时期，这一地区的经济水平还比较落后。

第三节　扬州贡问题研究

"厥贡惟金三品"，"金三品"，历来有两种释义：

一、金三品：金、银、铜。如伪孔："金三品。金、银、铜也。"[2] 孔疏承之云："'金'既总名，而云'三品'，黄金以下惟有白银与铜耳，故为'金、银、铜也'。"[3] 宋儒苏轼、蔡沈、林之奇，清儒胡渭，今人曾运乾、江灏、钱宗武、樊东、黄怀信等亦皆赞同此说，如《锥指》引《汉书·食货志》云："古者金有三等。黄金为上，白金为中，赤金为下。黄、白、赤即金、银、铜。"[4] 江灏、钱宗武："王肃说：'金、银、铜也。'品，等第，金是上等，银是中等，铜是下等。"[5] 将"品"释作等第，"金三品"即三等金属：金是上等，银是中等，铜是下等。

二、金三品：铜三色。孔疏引郑玄云："金三品者，铜三色也。"[6] 铜三

---

① （宋）林之奇：《尚书全解》，北京：人民出版社，2019 年，第 137 页。

② （汉）孔安国传，（唐）孔颖达疏：《尚书正义》，上海：上海古籍出版社，2007 年，第 208 页。

③ （汉）孔安国传，（唐）孔颖达疏：《尚书正义》，北京：北京大学出版社，1999 年，第 146 页。

④ （清）胡渭：《禹贡锥指》，上海：上海古籍出版社，2013 年，第 178 页。

⑤ 江灏、钱宗武：《今古文尚书全译》，贵阳：贵州人民出版社，1990 年，第 76、77 页。

⑥ （汉）孔安国传，（唐）孔颖达疏：《尚书正义》，北京：北京大学出版社，1999 年，第 146 页。

色，即三种颜色的铜。清人王鸣盛《尚书后案》："《秋官·职金》疏云：'古言金有两义，对言金银铜铁为异，散言总谓之金。'《考工记》：'六分其金而锡居一。'等凡六种，内有钟鼎、鉴燧，则所谓金者，皆铜。而《职金》云：'掌受士之金罚，入于司兵。'则罚罪之金用作兵器者是铜。伪孔于《舜典》、《吕刑》赎罪，皆以为铜。故郑以此三品为铜三色也。今以目验，铜有黄白赤三色，禹时亦当然也。王乃云'金银铜'，黄金、白银既不为币，施于器又寡，王注非也。"① 其引《周礼·职金》疏、《考工记》等，认为其中的"金"皆为铜，伪孔注《舜典》《吕刑》中的赎罪之金，亦为铜，铜有黄、白、赤三色，故"金三品"当为三色铜；李长傅《禹贡释地》："章宏钊《石雅》云：'古所谓五金，所谓金三品，均以色为别，而名实多溷。'王肃以金三品指金、银、铜，乃后人附会之说。《汉书·地理志》：'吴东有海盐（今浙江省平湖县）、章山（今浙江省安吉县北）之铜。'《元和郡县志》：'当涂县北十里有赤金山，出好铜。'又云：'南陵西南八十五里有铜井山，出铜。'今铜陵县的铜官山，为我国著名铜矿。"② 亦引《石雅》《汉志》《元和郡县图志》等，说明古所谓的五金、金三品者皆为铜，并举浙江平湖县、安吉县，安徽当涂县、铜陵县等地产铜的例子佐以论证说明。李民、王健《尚书》："但古代多称铜为金，金三品即黄白赤三色铜，郑玄注曰：'金三品者，铜三色也。'扬州遍布铜矿，盛产铜。"③ 刘起釪《译论》："此释述古代以铜为金甚明晰，金三品即青铜、白铜、赤铜。……由旧注疏家皆不知古时有青铜时代之故。"④ 此说当为正解。

瑶、琨，《史记》作"瑶琨"，《汉志》作"瑶瓂"。《说文》："瓂，琨或从贯。"⑤《释文》："马本作瓂，韦昭音贯。"⑥

---

① （清）王鸣盛：《尚书后案》，北京：北京大学出版社，2012年，第135、136页。

② 李长傅：《禹贡释地》，郑州：中州书画社，1982年，第61、62页。

③ 李民、王健：《尚书译注》，上海：上海古籍出版社，2021年，第68页。

④ 顾颉刚、刘起釪：《尚书校释译论》，北京：中华书局，2005年，第632页。

⑤ 顾颉刚、刘起釪：《尚书校释译论》，北京：中华书局，2005年，第632页。

⑥ （汉）孔安国传，（唐）孔颖达疏：《尚书正义》，北京：北京大学出版社，1999年，第146页。

"瑶琨"或以为二物。如《说文》："瑶，玉之美者；琨，石之美者。"[①]瑶是美玉，琨是美石。伪孔传："瑶、琨皆美玉。"[②]有的还将二者加以详细区别，如孔疏："美石似玉者也。玉、石其质相类，美恶别名也。"[③]林氏《全解》："瑶、琨……曾氏曰：'《周礼》太宰之职，享先王则赞玉爵。内宰之职，后裸献则赞瑶爵。《礼记》曰："尸饮五，君洗玉爵献卿。尸饮七，以瑶爵献大夫。"《公刘》之诗曰："何以舟之，惟玉及瑶。"则知瑶者，玉之次也。'此说是也。琨，案《说文》：'石之美者，似玉。'则琨次于瑶盖可见矣。"[④]云瑶是次玉，琨是美石，且琨次于瑶；胡渭《锥指》引孔传、《说文》后亦云："瑶或是玉之次者，于《诗》、《礼》分别玉瑶之义，亦未有害也。但不当以为玉之美者耳。若琨则未有以为玉者。……要之，瑶、琨不如美玉，而优于怪石，则可以理断也。"[⑤]认为瑶是次玉，琨是石头，瑶、琨皆不如美玉，然优于怪石。

"瑶琨"或以为一物。如王肃："瑶琨，美石似玉者。"[⑥]《石雅》中认为"瑶琨"是玛瑙；曾运乾《尚书正读》："瑶琨，《传》云：'美玉'。"[⑦]都是将"瑶琨"作一物。

按：《史记》"瑶琨篠荡"作"瑶琨竹箭"，瑶琨与"竹箭"并称，权可作一物。邵望平《〈禹贡〉九州风土考古学丛考》："扬州之域在公元前第三千年间是良渚文化分布区。良渚文化的制玉工艺在诸龙山文化群体中居巅峰地位。

---

① 李长傅：《禹贡释地》，郑州：中州书画社，1982 年，第 62 页。
② （汉）孔安国传，（唐）孔颖达疏：《尚书正义》，北京：北京大学出版社，1999 年，第 146 页。
③ （汉）孔安国传，（唐）孔颖达疏：《尚书正义》，北京：北京大学出版社，1999 年，第 146 页。
④ （宋）林之奇：《尚书全解》，北京：人民出版社，2019 年，第 137 页。
⑤ （清）胡渭：《禹贡锥指》，上海：上海古籍出版社，2013 年，第 185 页。
⑥ 李长傅：《禹贡释地》，郑州：中州书画社，1982 年，第 62 页。
⑦ 曾运乾：《尚书正读》，上海：华东师范大学出版社，2011 年，第 65 页。

在苏……浙……等二十多处良渚文化墓地上出土了大批大件玉质礼器璧琮。其制作工艺及社会意义非一般玉饰可比。寺墩一墓所出璧、琮达五十七件……经鉴定……其原料主要是阳起石、透闪石两种软玉，次为一种似玉的美石岫岩玉，个别为玛瑙。……汪遵国先生认为良渚璧琮为就地取材。……良渚文化的璧琮是商代祭天礼地璧琮的直接源泉。张光直先生认为源于良渚文化的玉琮可以说是中国古代宇宙观和代式的一项缩影式的象征。一些国内外学者也对良渚玉器在中国文化发展史上的地位做了专题论述。扬州之域以瑶琨为特产，以玉器为贡品，由来已久。《禹贡》所载有充分的历史依据。"① 这是可信服的科学论证。

篠簜，《史记》作"竹箭"；伪孔云："篠，竹箭。簜，大竹。"② 孔疏："《释草》云：'篠，竹箭。'郭璞云：'别二名也。'又云'簜，竹'。李巡曰：'竹节相去一丈曰簜。'孙炎曰：'竹阔节者曰簜。'郭璞云：'竹别名。'是篠为小竹，簜为大竹。"③ 蔡沈："篠，箭竹。簜，大竹。……篠之材，中于矢之笴。簜之材，中于乐之管，簜亦可为符节。《周官》掌节有"英簜"。"④ 可知"篠簜"为竹子不同的称谓：小竹曰"篠"，可作箭杆，又称箭竹；大竹曰"簜"，可作管乐器、符节等。林氏《全解》："曾氏曰：'案《仪礼》，乐人宿县，簜在建鼓之间。'说者以簜为笙箫之属。郭璞云：'竹阔节曰簜，惟其阔节，则其材中至于笙箫矣。'"⑤《仪礼》"簜在建鼓之间"的记载，是"簜"作笙箫乐器的有力证据。然前儒簜因阔节，故可作乐器的说法为胡渭所反对，其《锥指》中对"簜"、"篠"进行了详细的分析和描述，其云："《蔡传》云：簜可以为符节。误矣。郭注《尔雅》簜竹引《仪礼》，'簜在建

① 顾颉刚、刘起釪：《尚书校释译论》，北京：中华书局，2005 年，第 633 页。
② （汉）孔安国传，（唐）孔颖达疏：《尚书正义》，北京：北京大学出版社，1999 年，第 145 页。
③ （汉）孔安国传，（唐）孔颖达疏：《尚书正义》，北京：北京大学出版社，1999 年，第 145 页。
④ （宋）蔡沈：《书集传》，南京：凤凰出版社，2010 年，第 49、50 页。
⑤ （宋）林之奇：《尚书全解》，北京：人民出版社，2019 年，第 137、138 页。

鼓之间'，谓箫管之属，与孔传大竹解不合，人皆疑之。渭按：篠定是小竹，荡大而节更疏，然亦有小者。《吴都赋》注引《异物志》曰：筼筜生水边，长数丈，围一尺五六寸，一节相去六七尺，或相去一丈，庐陵界有之。始兴以南，又多此竹，阔节而大，至围尺五六寸。《周官》符节之函，盖取诸此也。箫管之材，大于箭干。王褒《洞箫赋》曰：原夫箫干之所生兮，于江南之丘墟。洞条畅而罕节兮，标敷纷以扶疏。李善注云：《江图》曰：慈母山出竹，作箫笛有妙声。《丹阳记》曰：江宁县慈母山临江，生箫管竹。王褒赋云'于江南之丘墟'，即此处也。其竹圆异众处，自伶伦采嶰谷后得此奇，故历代常给乐府，而呼鼓吹山。罕，稀也。言节稀而相去，标竹之扶疏也。此竹盖荡属之最小者，《仪礼》所谓'荡在建鼓之间'者也。篠中实，故中箭干。荡中虚，故大者中节函，小者中箫管。郭注不误。人泥《孔传》大竹之说，反以为非耳。"[1] 认为"篠"是中实的小竹，用作箭干，"荡"则有大小之分，大阔节的竹子用以制作《周官》中的符节，虚空细小者，用以制作箫管之属；这就解释了孔疏等说的"荡为大竹"然作箫管的疑惑。

长江流域及以南地区皆盛产竹，尤以东南竹擅称，如晋人戴凯《竹谱》云："箭竹，高者不过一丈，节间三尺，坚劲中矢，江南诸山皆有之。会稽所生最精好。"[2] 刘逵《吴都赋》注亦云："箭竹细小而劲实，可以为箭，通竿无节，江东诸郡皆有之。"[3] 早在《周礼》文中就有："扬州……其利竹箭。"[4]《尔雅·释地》："东南之美者，有会稽之竹箭焉。"[5] 今江南诸省竹的种类主要有毛竹、淡竹和刚竹；"篠"一般指刚竹，"荡"殆指毛竹。

齿革羽毛惟木。伪孔："齿，革牙。革，犀皮。羽，鸟羽。毛，旄牛尾。

① （清）胡渭：《禹贡锥指》，上海：上海古籍出版社，2013 年，第 186 页。
② （清）胡渭：《禹贡锥指》，上海：上海古籍出版社，2013 年，第 185 页。
③ （清）胡渭：《禹贡锥指》，上海：上海古籍出版社，2013 年，第 185 页。
④ （清）胡渭：《禹贡锥指》，上海：上海古籍出版社，2013 年，第 185 页。
⑤ （清）胡渭：《禹贡锥指》，上海：上海古籍出版社，2013 年，第 185 页。

木，梗、梓、豫章。"①孔疏承之云："《诗》云'元龟象齿'，知'齿'是象牙也。……《考工记》：'犀甲七属，兕甲六属。'宣二年《左传》云：'犀兕尚多，弃甲则那？'是甲之所用，犀革为上；革之所美，莫过于犀；知'革'是犀皮也。《说文》云：'兽皮治去其毛为革。'革与皮去毛为异耳。《说文》云：'羽，鸟长毛也。'知'羽'是鸟羽。南方之鸟，孔雀、翡翠之属，其羽可以为饰，故贡之也。《说文》云：'牦，西南夷长旄牛也。'此牦牛之尾可为旌旗之饰，经传通谓之'旄'。《牧誓》云'右秉白旄'，《诗》云'建旐设旄'，皆谓此牛之尾，故知'毛'是旄牛尾也。直云'惟木'，不言木者，故言'梗、梓、豫章'，此三者是扬州美木，故传举以言之，所贡之木不止于此。"②引《诗经》《左传》《说文》《尚书》等，说明齿为象牙，革为犀皮，羽为鸟羽，毛为旄牛尾；林氏《全解》不拘于此说，其云："'齿、革、羽、毛、惟木'者，《左氏传》曰：'鸟兽之肉不登于俎，皮革、齿牙、骨角、毛羽不登于器，则公不射。'盖齿革羽毛皆是鸟兽之肉，可以供器用之饰者，孔氏以齿为象牙，革为犀皮，以羽为鸟羽，以毛为旄牛尾，亦不必如此拘定也。木者，盖木之可为器用者，亦不必指是梗、柟、豫、樟，谓凡木之贡皆出于此州也。要之，梗、柟、豫、樟，盖木之最美者，故先儒从而以为言也。"③认为齿、革、羽、毛等皆是鸟兽身上可用之物，木不必指"梗、柟、豫、樟"，凡此州所贡木材皆可，"梗、柟、豫、樟，盖木之最美者"，故以其为代表言之。此说较为合理，古人"齿革"并举，往往指象牙和犀牛皮等贵重之物，如《周礼·天官·内府》："凡四方之币献之金玉、齿革、兵器，凡良货贿入焉。"④

---

① （汉）孔安国传，（唐）孔颖达疏：《尚书正义》，北京：北京大学出版社，1999年，第146页。

② （汉）孔安国传，（唐）孔颖达疏：《尚书正义》，北京：北京大学出版社，1999年，第146页。

③ （宋）林之奇：《尚书全解》，北京：人民出版社，2019年，第138页。

④ （汉）郑玄注，（唐）贾公彦疏：《周礼注疏》，北京：北京大学出版社，1999年，第160页。

贾公彦疏："齿谓若象牙之类，革谓若犀皮之类。"①《蔡传》："齿、革可以成甲，羽、毛可以为旌旄。"②《周礼·考工记》："函人为甲，犀甲七属，兕甲六属，合甲五属。犀甲寿百年，兕甲寿二百年。"③可知犀、兕之革为甲坚固耐用；《左传·宣公二年》："犀兕尚多，弃甲则那？"④孔疏引《说文》曰："兕如野牛，青毛，其皮坚厚，可制铠。"⑤又疏："甲之所用，犀革为上。"⑥知古代贵族军用甲中犀革最佳，故以此为贡物。"羽旄"并举，往往指珍禽之羽，如孔雀、翠鸟之羽以及牦牛尾，如《说文》："氂，西南夷长髦牛也"，"犛，氂牛尾也。"⑦《孔疏》："此牦牛之尾可为旌旗之饰，经传通谓之'旄'。《牧誓》云'右秉白旄'，《诗》云'建旐设旄'，皆谓此牛之尾，故知'毛'是旄牛尾也。"⑧二者亦可用作舞具，如《礼记·乐记》："比音而乐，及干戚羽旄谓之乐"，"干戚旄狄（同翟、羽也）以舞之"，又："动以干戚，饰以羽旄。"郑玄注："羽，翟羽也，旄，旄牛尾也，文舞所执。《周礼》舞师乐师掌教舞……有羽舞，有旄舞。"⑨可知羽、旄可供贵族庙堂文舞之用。《史记·货殖列传》："江南出抽、梓、姜、桂、金、锡、连（铅）、丹砂、犀、瑇瑁、珠玑、齿、革。"⑩李长傅《禹贡释地》中认为："汉代，广西尚有

---

① （汉）郑玄注，（唐）贾公彦疏：《周礼注疏》，北京：北京大学出版社，1999年，第160页。
② （宋）蔡沈：《书集传》，南京：凤凰出版社，2010年，第50页。
③ （汉）郑玄注，（唐）贾公彦疏：《周礼注疏》，北京：北京大学出版社，1999年，第1109页。
④ （春秋）左丘明传，（魏晋）杜预注，（唐）孔颖达疏：《春秋左传正义》，北京：北京大学出版社，1999年，第593页。
⑤ （春秋）左丘明传，（魏晋）杜预注，（唐）孔颖达疏：《春秋左传正义》，北京：北京大学出版社，1999年，第594页。
⑥ （汉）孔安国传，（唐）孔颖达疏：《尚书正义》，北京：北京大学出版社，1999年，第146页。
⑦ 顾颉刚、刘起釪：《尚书校释译论》，北京：中华书局，2005年，第634页。
⑧ （汉）孔安国传，（唐）孔颖达疏：《尚书正义》，北京：北京大学出版社，1999年，第146页。
⑨ 顾颉刚、刘起釪：《尚书校释译论》，北京：中华书局，2005年，第634页。
⑩ 李长傅：《禹贡释地》，郑州：中州书画社，1982年，第62页。

象；今云南南部尚有犀、象。则上古江南出象齿、犀革，是不足为奇的。且地当初垦，鸟羽（孔雀、翡翠之类）、兽毛之产必丰。"①

惟木，《史记·夏本纪》及《汉书》引《禹贡》皆无此二字，江声《音疏》云："《史记》、《汉书》皆全录此篇，皆无此'惟木'字。可知汉时《尚书》本无此二字。伪孔氏妄增之。本应削去，以相传既久，不敢擅削，姑存之而目为衍文可也。"②段玉裁《尚书撰异》则云："'惟木'二字，《纪》、《志》皆无，此今文《尚书》也。"③陈乔枞《经说考》则云："可知《今文尚书》本无此二字，或《古文尚书》有之，或伪孔氏妄增之，不足为据。"④王先谦《参正》："木必具名，荆州'杶、榦、栝、柏'是其例，无浑举之理。'惟木'单读及连上读皆不成句，江说是也，惜无古文本证之。"⑤后世治《尚书》者大多持段氏之说，并不否认此二字的存在，并从而释之，如江灏、钱宗武《今古文尚书全译》引王引之《经传释词》云："惟，犹与也，及也。"⑥即与、及的意思。

木，伪孔认为是"楩、梓、豫章"，孔疏承之云："此三者是扬州美木，故传举以言之，所贡之木不止于此。"⑦林之奇亦认为"木者，盖木之可以为器用者，亦不必指是楩、柟、豫、樟，谓凡木之贡皆出于此州也。……楩、柟、豫、樟，盖木之最美者，故先儒从而以为言也。"⑧此说为是。这里的"木"当是此州进贡的"可以备栋宇器械之用"⑨的木材，不单指"楩、柟、豫、樟"等。

---

① 李长傅：《禹贡释地》，郑州：中州书画社，1982年，第62页。

② 顾颉刚、刘起釪：《尚书校释译论》，北京：中华书局，2005年，第634、635页。

③ （清）皮锡瑞：《今文尚书考证》，北京：中华书局，2009年，第153页。

④ 顾颉刚、刘起釪：《尚书校释译论》，北京：中华书局，2005年，第635页。

⑤ （清）王先谦：《尚书孔传参正》，北京：中华书局，2011年，第275页。

⑥ 江灏、钱宗武：《今古文尚书全译》，贵阳：贵州人民出版社，1990年，第77页。

⑦ （汉）孔安国传，（唐）孔颖达疏：《尚书正义》，北京：北京大学出版社，1999年，第146页。

⑧ （宋）林之奇：《尚书全解》，北京：人民出版社，2019年，第138页。

⑨ （宋）蔡沈：《书集传》，南京：凤凰出版社，2010年，第50页。

岛夷卉服。

"岛夷"，即生活在东海、南海大小岛屿上的少数民族。

"卉服"，即用草制作成的衣服，但其具体材料众说不一。有的笼统的认为是草服，如郑玄："此州下湿，故衣草服。贡其服者，以给天子之官。"[①] 今人马士远、傅永聚："东南沿海各岛人穿着草编的衣服。"[②] 有的则认为是一些特定的制衣原料，如伪孔："南海岛夷，草服葛越。"[③] 孔疏："《释草》云：'卉，草。'舍人曰：'凡百草一名卉。'知'卉服'是'草服葛越'也。葛越，南方布名，用葛为之。左思《吴都赋》云'蕉葛升越，弱于罗纨'是也。"[④] "卉服"为葛越，即用葛制成的布；王鸣盛《后案》："郑云'贡其服者，以给天子之官'者，《地官·掌葛》'征草贡之材于泽农'，彼注云'草贡出泽，葟、纻之属，可缉绩者'是也。"[⑤] "卉服"是葟、纻等制成的衣服；还有的说法比较笼统，如苏轼："岛夷绩草木为服，如今吉贝，木绵之类。"[⑥] 胡渭："百草总名卉，卉服殆非一种，去古已远，不可得详。葛越、吉贝、木绵，亦仿像言之而已。"[⑦] "卉服"为葛越、吉贝、木绵等制成的衣服。邵望平《〈禹贡〉九州风土考古学丛考》中云："近年在舟山群岛之定海、岱山、嵊泗诸县发现了多处史前遗址，太湖地区出土的古代动物遗骸表明，在新时期时代乃至历史年代太湖地区内有象群存在。在距舟山群岛不足一百公里的余姚河姆渡遗址也发现了象、犀、红面猴等遗骨，说明扬州之域曾有过比今日更温暖的热带、亚热带气候期。'岛夷卉服'，应是这一气候期舟山岛民风土的记录。近世台湾岛民男性仍以

---

① （汉）孔安国传，（唐）孔颖达疏：《尚书正义》，上海：上海古籍出版社，2007年，第209页。

② 马士远、傅永聚：《四书五经普及读本》，北京：线装书局，2016年，第542页。

③ （汉）孔安国传，（唐）孔颖达疏：《尚书正义》，上海：上海古籍出版社，2007年，第209页。

④ （汉）孔安国传，（唐）孔颖达疏：《尚书正义》，上海：上海古籍出版社，2007年，第209页。

⑤ （清）王鸣盛：《尚书后案》，北京：北京大学出版社，2012年，第136页。

⑥ （清）胡渭：《禹贡锥指》，上海：上海古籍出版社，2013年，第187页。

⑦ （清）胡渭：《禹贡锥指》，上海：上海古籍出版社，2013年，第187页。

木叶遮蔽下体，可认为'岛夷卉服'之孑遗。"①"卉服"材料不必深究，概言之，当是指当地用草制成的衣服，"岛夷"作为贡物献之。

厥篚织贝。织贝，大致来说有以下几种解释：

一、丝织品上仿织贝的花纹。如郑玄："贝，锦名。《诗》云：'萋兮斐兮，成是贝锦。'凡为织者，先染其丝，乃织之则文成矣。《礼记》曰：'士不衣织。'"②王鸣盛《后案》："彼毛传云：'贝锦，锦文也。'彼笺云：'锦文，如余泉、余蚳之贝文。'"③郑释"贝锦"为仿织贝纹的丝织品，今人李民、王健："织贝，郑玄注谓：'贝，锦名也，《诗》云："成是贝锦"，凡为织者，先染其丝，及织之即文成矣。'贝锦，贝纹图案之锦。顾颉刚师说，今江苏的锦缎即是由古织贝演进的。"④曾运乾、马士远、傅永聚、李长傅等亦赞同此说。

二、"织贝"为两物：丝织品和水产品。如伪孔："织，细纻。贝，水物。"⑤孔疏承之云："传以贝非织物而云织贝，则贝、织异物，织是织而为之。扬州纻之所出，此物又以篚盛之，为衣服之用，知是'细纻'，谓细纻布也。《释鱼》之篇，贝有居陆、居水，此州下湿，故云'水物'。《释鱼》有'玄贝，贻贝。余蚳，黄白文。余泉，白黄文'。当贡此有文之贝，以为器物之饰也。"⑥认为"织"为制衣的细纻布，"贝"是水产品，扬州低湿，故有此物，贡有花纹的贝类，作器物装饰；颜师古则进一步认为"贝"古时用作货币，

---

① 顾颉刚、刘起釪：《尚书校释译论》，北京：中华书局，2005年，第637页。

② （汉）孔安国传，（唐）孔颖达疏：《尚书正义》，上海：上海古籍出版社，2007年，第210页。

③ （清）王鸣盛：《尚书后案》，北京：北京大学出版社，2012年，第136页。

④ 李民、王健：《尚书译注》，上海：上海古籍出版社，2021年，第69页。

⑤ （汉）孔安国传，（唐）孔颖达疏：《尚书正义》，上海：上海古籍出版社，2007年，第209页。

⑥ （汉）孔安国传，（唐）孔颖达疏：《尚书正义》，上海：上海古籍出版社，2007年，第210页。

其云：“织谓细布也；贝，水虫也，古以为货。”①不过此说为胡渭所反对，其认为“禹致贡在尧时，犹未尚贝，作锦名为是。”②

三、“织贝”是吉贝、木绵等用以织布的南方植物。如苏轼云：“南海岛夷绩草木为服，如今吉贝、木绵之类，其纹斓斑如贝，故曰织贝。诗曰：‘萋兮斐兮，成是贝锦。’”③吉贝、木绵等植物，花纹斓斑如贝，故称“织贝”，然此说为林之奇所反对，其《全解》云：“苏氏曰：‘南海岛夷织草木为服，如今吉贝、木绵之类。’亦一说也，而其下文又曰：‘其文斑斓如贝’，亦以成是‘贝锦’为证，然今之吉贝、木绵无有所谓斑斓如贝者，此说亦未敢从。”④认为吉贝、木绵无有所谓斑斓如贝者，故不从苏说。此外，今人郭仁成《尚书今古文全璧》云：“织贝，苏轼云：‘如今吉贝，木绵之类，其纹斑斓如贝，故曰织贝。’案：织贝疑即吉贝，同为夷语之译音。”⑤疑“织贝”即吉贝，为夷语之译音，同于苏氏之说。

四、“织贝”为贝锦，为吉贝、木绵等织成的有贝纹的上好锦。如《蔡传》：“织贝，锦名，织为贝文，《诗》曰‘贝锦’是也。今南夷木绵之精好者，亦谓之吉贝。海岛之夷，以卉服来贡。而织贝之精者，则入篚焉。”⑥“织贝”即《诗经》中的“贝锦”，是织有贝文的精良之锦，然明人王樵反对此说，其云：“蔡仲默因谓南夷木绵之精好者，亦谓之吉贝，以卉服来贡，而吉贝之精者则入篚焉。然吉贝之名，但昉见于《南史》，不可因布名吉贝，而遂以‘织贝’为卉服之精者也，

① （清）纪昀、陆锡熊、孙士毅等:《景印文渊阁四库全书》，台北：台湾商务印书馆，1986年，第56册，第17页。
② （清）胡渭：《禹贡锥指》，上海：上海古籍出版社，2013年，第189页。
③ （清）纪昀、陆锡熊、孙士毅等:《景印文渊阁四库全书》，台北：台湾商务印书馆，1986年，第54册，第522、523页。
④ （清）纪昀、陆锡熊、孙士毅等:《景印文渊阁四库全书》，台北：台湾商务印书馆，1986年，第55册，第161页。
⑤ 郭仁成：《尚书今古文全璧》，长沙：岳麓书社，2006年，第52、53页。
⑥ （宋）蔡沈：《书集传》，南京：凤凰出版社，2010年，第50页。

今外夷卉服之精信有之，使唐虞时即以入篚，不微近于尚异物之嫌乎？"① 反对"织贝"为卉服之精者说，认为《禹贡》时以此作为贡物入篚有尚异物之嫌。

五、"织贝"是将贝壳串连织为巾者。如今人黄怀信云："织贝：用线串连成一片的海贝。"② 樊东："用线串连起来，织成片的海贝。"③ 刘起釪对"织贝"进行了详细的考证，得出了较为可信的结论，其《尚书校释译论》引《顾颉刚读书笔记》卷五云："台湾高山族切贝壳至极薄，成小圆片，钻孔而以绳连贯之以为饰。疑《禹贡》扬州'厥篚织贝'，即是此制。盖名贵之物，以为王衣焉。"④ 他认为前人将"织贝"释为"帛有贝文"或"木绵吉贝"者，"似皆不及台湾少数民族之确以贝缀为饰物之较切合。"⑤ 此外，他还引顾颉刚《笔记》："此承岛夷来，彼方固不产帛也"⑥，说明扬州岛夷不产帛，则其贡"织贝"只能是用贝所制之物，以其稀有名贵，故作为贡物。邵望平《〈禹贡〉九州风土考古学丛考》中云："笔者以为'织贝'为一动宾式合同词，即指把海贝（或贝制品）串联在一起的一种贡品。具体所指，试作两种可能的解释：一、可能是商周时代最普通的通货，即宝贝科的货贝属贝壳，以绳贯之，'五贝一串，两串一朋'是为织贝。目前还不清楚何时起货贝用作通货的，但在青海乐都柳湾公元前两千多年前的马厂期墓葬中已用货贝及石仿制品随葬，具有了经济价值。不迟于商代，货贝之属已被当作通货。此物绝非王畿所产，可能自远方交换而来，更可能由近海之方国进贡而来。九州之内唯扬州有进贡之可能。货贝属，包括环纹货贝和货贝，生活于热带、亚热带海域的潮间带中潮区，现我国南海及日本均有分布。舟山群岛处于南海与日本九州、四国沿海之中介海域，似可受黑潮

---

① （清）纪昀、陆锡熊、孙士毅等：《景印文渊阁四库全书》，台北：台湾商务印书馆，1986年，第64册，第341页。

② 黄怀信：《尚书注训》，济南：齐鲁书社，2002年，第71页。

③ 樊东：《尚书译注》，上海：上海三联书店，2013年，第28页。

④ 顾颉刚、刘起釪：《尚书校释译论》，北京：中华书局，2005年，第638页。

⑤ 顾颉刚、刘起釪：《尚书校释译论》，北京：中华书局，2005年，第638页。

⑥ 顾颉刚、刘起釪：《尚书校释译论》，北京：中华书局，2005年，第638页。

暖流之影响，即使今日，不产货贝，公元前一千年前暖气候期中是否出产？有待考察。'织贝'另一种可能的解释是，将贝质扁珠贯之以绳，缝缀于麻织物上以作盛装者，林惠详先生《台湾番族之原始文化》一书中论及《禹贡》中的织贝时说，'织贝'二字，古注多不明了，或以为是锦衣，然贝字终不能明。今考番族自古以贝壳制成小粒扁圆珠以为货币，并缝缀于麻质之衣服上以为盛装（所获一件缀贝珠六万数千颗），所谓织贝唯此为最近。""其法先由海岸采拾贝壳，大都为子安贝（笔者按，似为环纹货贝），碎为相当之小片，然后一一穿孔，贯以麻线为短串，张于弓上，磨于砥石，使其棱角渐钝，终而成为扁圆之珠。此种物今不复制，然在古时极盛。……为酋长及有力者之所有物。"[1] 今人屈万里《尚书今注今译》中亦云："今台湾山胞，有以极小之贝，以线串连之，织以为巾者。盖即织贝也。"[2] 凌纯声先生更指台湾岛民此种"织贝"云："此海洋文化产物之织贝，在中国殷墟有出土，且环太平洋分布。"[3] 可知"织贝"并非台湾岛民所独有，舟山群岛位于海洋文化圈内，三代舟山岛民极有可能以此种织贝衣为盛装，并以织贝进贡，"至于凌氏殷墟出土过织贝一说，惜不详其所指。若诚如是言，则又得一项考古学之佐证。笔者对上述两种解释不敢自专孰是孰非。但释'织贝'为串联之货贝或贝织品，当不至十分谬误。"[4] 邵氏根据考古成就及民俗资料所得的见解，比以前其它说法更具科学性和合理性，又结合顾颉刚《读书笔记》之说，由此可以得出"织贝"的确切理解。

"厥包橘柚锡贡"。

"橘柚"：橘和柚，二水果名。孔疏："橘、柚二果，其种本别，以实相比，则柚大橘小，故云'小曰橘，大曰柚'。……此物必须裹送，故云其所包裹

---

① 顾颉刚、刘起釪：《尚书校释译论》，北京：中华书局，2005 年，第 638、639 页。

② 屈万里：《尚书今注今译》，上海：上海辞书出版社，2021 年，第 49 页。

③ 顾颉刚、刘起釪：《尚书校释译论》，北京：中华书局，2005 年，第 639 页。

④ 顾颉刚、刘起釪：《尚书校释译论》，北京：中华书局，2005 年，第 639 页。

而送之。"① 颜师古："柚似橘而大，其味尤酸，橘、柚皆不耐寒，故包裹而致之。"② 橘、柚因不耐寒，故包裹而送之。

"厥包橘柚"历代异议不多，此句主要集中在对"锡"的理解上。

一、郑玄释"锡"为金属锡，其云："此州有锡而贡之；或时无，则不贡。锡，所以柔金也。《周礼·考工记》云'攻金之工掌执金锡之齐'故也。"③ "锡"即软金属锡；此州有锡则贡，无时则不贡。清人王鸣盛、皮锡瑞，今人郭仁成等赞同此说。

二、"锡贡"为橘柚不常进贡的意思，与贡锡无关。如孔疏引王肃云："橘与柚锡其命而后贡之，不常入，当继荆州乏无也。"④ 由于下文"荆州章"中有"包匦菁茅"，王肃云："扬州'厥包橘柚'，从省而可知也。"⑤ 认为"包"后省略橘柚，伪孔则直云："包橘柚。"⑥ 孔疏进一步引申云："荆州言'包'，传云'橘柚'也，文在'筐'上者，荆州橘柚为善，以其常贡。此州则不常也。"⑦ 认为荆州橘柚味善常贡，此州不常贡，故云"锡贡"。后世注疏者多沿此释"锡贡"，不过"锡贡"的原因不同，如苏轼认为："《禹贡》言

---

① （汉）孔安国传，（唐）孔颖达疏：《尚书正义》，北京：北京大学出版社，1999 年，第 147 页。

② （清）胡渭：《禹贡锥指》，上海：上海古籍出版社，2013 年，第 190 页。

③ （汉）孔安国传，（唐）孔颖达疏：《尚书正义》，上海：上海古籍出版社，2014 年，第 210 页。

④ （汉）孔安国传，（唐）孔颖达疏：《尚书正义》，北京：北京大学出版社，1999 年，第 147 页。

⑤ （汉）孔安国传，（唐）孔颖达疏：《尚书正义》，北京：北京大学出版社，1999 年，第 150 页。

⑥ （汉）孔安国传，（唐）孔颖达疏：《尚书正义》，北京：北京大学出版社，1999 年，第 150 页。

⑦ （汉）孔安国传，（唐）孔颖达疏：《尚书正义》，北京：北京大学出版社，1999 年，第 147 页。

'锡'者三，大龟不可常得，'磬错'不常用，而橘柚常贡则劳民害物，如汉永平、唐天宝荔枝之害矣，故皆锡命乃贡。"① 橘、柚常贡劳民害物，故不常贡；蔡沈进一步解释云："锡者，必待锡命而后贡，非岁贡之常也。张氏曰：'必锡命乃贡者，供祭祀，燕宾客，则诏之。口腹之欲，则难于出令也。'"② 橘、柚只在祭祀或宴请宾客时才进贡享用，若是满足口腹之欲，则难于出令，以免扰民害物；宋人时澜："锡贡，圣人不以口腹劳人，非宗庙宾客之大事则不贡，故曰'锡贡'。"③ 明人朱鹤龄："张氏曰：必锡命乃贡，宾祭则诏之，口腹之欲，难乎出令也。按：汉武帝于交阯置橘官长一人，今橘产闽广者良，禹时所贡，当在近地炎荒之外，岂以劳民哉！"④ 橘、柚产地偏僻荒凉，经常进贡劳民伤财，还通过事例说明之；此外，今人李长傅、李民、王健等亦皆持此说。

三、锡贡：主动自愿地进贡。如樊东："锡贡：锡，通'赐'；锡贡指主动自愿地进贡。"⑤ 黄怀信："锡：同'赐'。赐贡：盖谓自愿进贡。"⑥

四、"锡"、"赐"、"贡"为同义词叠用。如刘起釪认为："郑玄、王肃、伪孔皆释为待锡命乃贡。是由于对'锡'字只知其赐命之义，故望文生义释'锡贡'为待锡命而后贡，且理解为扬州橘柚不及荆州，荆为常贡，扬则为了避免扰民，不作常贡，王朝命令叫贡才贡，如苏轼《书传》即持此见解。然不合古统治者赋敛常情。古代动词主动被动不分，锡字对下对上通用。荆州'九江纳锡大龟'，即是纳贡大龟。此'锡贡'亦同义，只是说橘柚易坏，把它包

---

① （清）纪昀、陆锡熊、孙士毅等：《景印文渊阁四库全书》，台北：台湾商务印书馆，1986 年，第 54 册，第 523 页。

② （宋）蔡沈：《书集传》，南京：凤凰出版社，2010 年，第 50 页。

③ （清）纪昀、陆锡熊、孙士毅等：《景印文渊阁四库全书》，台北：台湾商务印书馆，1986 年，第 57 册，第 194 页。

④ （清）纪昀、陆锡熊、孙士毅等：《景印文渊阁四库全书》，台北：台湾商务印书馆，1986 年，第 67 册，第 88 页。

⑤ 樊东：《尚书译注》，上海：上海三联书店，2013 年，第 29 页。

⑥ 黄怀信：《尚书注训》，济南：齐鲁书社，2002 年，第 71 页。

好进贡。"①不赞同郑、王、伪孔等释"锡贡"为待锡命而后贡，苏轼的说法亦不符合古代赋敛常情，"锡贡"与荆州"九江纳锡大龟"一样，都是进贡的意思。曾运乾《尚书正读》亦云："锡赐声借，锡，献也。《释诂》：'贡，锡，赐也。'锡贡同义，古人自有复语耳。"②江灏、钱宗武《全译》："《尚书核诂》：'锡与贡，古义略同。'"③都是说"锡"、"赐"、"贡"为古复语，其义略同，简言之，"厥包橘柚锡贡"，就是将橘柚包起来进贡的意思。

① 顾颉刚、刘起釪：《尚书校释译论》，北京：中华书局，2005 年，第 640 页。

② 曾运乾：《尚书正读》，上海：华东师范大学出版社，2011 年，第 65 页。

③ 江灏、钱宗武：《今古文尚书全译》，贵阳：贵州人民出版社，1990 年，第 77 页。

第六章

荆州赋贡研究

第一节　荆州赋问题研究

"荆及衡阳惟荆州"，即荆州大致为荆山一线至衡山以南的广阔地域，大致囊括当今的湖南、湖北全境及河南南部地区。

"厥土惟涂泥"，林氏《全解》："言此州沮洳卑湿，亦与扬州同也。"[①]涂泥，即湿地土壤，上文"扬州章"已有相关论述，此处不再赘述。

"厥田惟下中，厥赋上下"，是说此州田赋分别为第八等和第三等。伪孔："田第八，赋第三，人功修。"[②]荆州田第八等，然赋却为第三的原因是由于人们的勤奋劳作，故总体生产水平较高；林氏《全解》："谓此州之土虽同扬州之涂泥，然其地稍高，故其田加于扬州一等。盖荆州之地农民众多，培粪灌溉之功益至，故能以下中之田而出上下之赋也。"[③]扬、荆均为"涂泥"，然扬州田九等，荆州第八等的原因是由于荆州地势稍高，能以八等之田而出三等之赋的原因是由于荆州人口众多，施肥灌溉之功益至。关于田赋等级的分析前文已有论述，大致来说，二者都是与当地的生产力水平相关联的。

第二节　荆州贡问题研究

"厥贡羽、毛、齿、革惟金三品"。伪孔："土所出与扬州同"[④]，即荆、

---

① （宋）林之奇：《尚书全解》，北京：人民出版社，2019 年，第 141 页。

② （汉）郑玄注，（唐）孔颖达疏：《尚书正义》，北京：北京大学出版社，1999 年，第 149、150 页。

③ （宋）林之奇：《尚书全解》，北京：人民出版社，2019 年，第 141 页。

④ （汉）孔安国传，（唐）孔颖达疏：《尚书正义》，北京：北京大学出版社，1999 年，第 150 页。

扬贡物大致相同；孔疏："扬州先'齿、革'，此州先'羽、毛'者，盖以善者为先。由此而言之，诸州贡物多种，其次第皆以当州贵者为先也。"① 胡渭："孔氏谓以善者为先，薛氏谓以多者为先，二说皆通。"② 认为每州先将本州贵者或多者叙述在前，笔者认为此说意义不大。"羽、毛、齿、革惟金三品"，前文"扬州章"已有相关论述，此处不再赘述。

枮、榦、栝、柏。枮，《说文》："枮，木也。"③ 《释文》："枮，敕伦反，徐敕荀反，木名，又作櫄。"④ 颜师古："枮，木似樗而实。"⑤ 《锥指》："《左传》：孟庄子斩其楢以为公琴。杜注云：楢，木名。枮也，琴材。徐锴曰：枮木似樗，中车辕，实不堪食。枮又作椿。苏恭曰：椿、樗二树形相似，但樗疏、椿实为别也。苏颂曰：椿木实而叶香，樗木疏而气臭，樗最无用。庄子所谓'其木拥肿，不中绳墨；小枝曲拳，不中规矩'者。李时珍曰：椿、樗、栲一木而三种，樗、栲皆不材之木，不似椿坚实可入栋梁也。渭按：枮、櫄、楢、椿为一木，字异而音义并同。枮与樗、栲虽相似而樗、栲不材，贡之何为，则枮与樗、栲实异种也。枮一作櫄，盖椿叶香故从熏，枮之为椿明矣。其材大抵中琴、中车辕。"⑥ 可知枮、櫄、楢、椿为一木，与樗、栲形似而不同；枮木实叶香，是一种可制琴、车辕的坚木。

榦，伪孔："榦，柘也。"⑦ 孔疏："'榦'为弓榦，《考工记》云，弓

---

① （汉）孔安国传，（唐）孔颖达疏：《尚书正义》，北京：北京大学出版社，1999年，第150页。

② （清）胡渭：《禹贡锥指》，上海：上海古籍出版社，2013年，第220页。

③ （清）胡渭：《禹贡锥指》，上海：上海古籍出版社，2013年，第223页。

④ （汉）孔安国传，（唐）孔颖达疏：《尚书正义》，北京：北京大学出版社，1999年，第150页。

⑤ （宋）林之奇：《尚书全解》，北京：人民出版社，2019年，第142页。

⑥ （清）胡渭：《禹贡锥指》，上海：上海古籍出版社，2013年，第223、224页。

⑦ （汉）孔安国传，（唐）孔颖达疏：《尚书正义》，北京：北京大学出版社，1999年，第150页。

人取榦之道也，以柘为上，知此'榦'是柘也。"① 可知"榦"是柘木。《周礼·考工记》："弓人凡取干之道七，以柘为上。"② 云柘木是制弓的最好材料，王夫之《尚书稗疏》云："孔氏以榦为柘当之，柘而云榦者，犹《诗》言'伐檀'而云'伐轮'也。"③ 是说"伐轮"可以代替"伐檀"，孔氏以榦为柘木，故柘即榦，然林氏《全解》云："榦可以为弓榦。孔氏以为柘，亦不必如是之拘。要之，凡木可以为弓榦者皆是也。"④ 又认为凡可以制弓之木皆可称"榦"，《锥指》亦云："似胜旧说。盖榦材颇多，不可遍举，故括之曰榦。"⑤ 则"榦"又不主一木，然《禹贡》"杶、榦、栝、柏"并举，"榦"当为一木，故可依孔疏等说，释"榦"为柘木。

栝，《释文》："栝，古活反，马云：'白栝也。'"⑥ 伪孔："柏叶松身曰栝。"⑦《锥指》："《尔雅》：枞，松叶柏身。桧，柏叶松身。《说文》同而栝作桰。"⑧《集韵》："桧古作桰，通作栝。《书》'杶、榦、栝、柏'。"⑨ 可知栝、桧、桰为一字，是一种柏叶松身的树木。《锥指》："《尔雅翼》云：桧性耐寒，其材大可为棺椁及舟。（《诗》曰：桧楫松舟。《左传》曰：棺有翰桧。）今人谓之圆柏。《韵会》引《字说》云：桧，柏叶松身，则叶与身皆曲。枞，松叶柏身，则叶与身皆直。枞以直从，桧以曲会。李时珍《本

---

① （汉）孔安国传，（唐）孔颖达疏：《尚书正义》，北京：北京大学出版社，1999 年，第150 页。

② 李长傅：《禹贡释地》，郑州：中州书画社，1982 年，第 70 页。

③ 顾颉刚、刘起釪：《尚书校释译论》，北京：中华书局，2005 年，第 663 页。

④ （宋）林之奇：《尚书全解》，北京：人民出版社，2019 年，第 142 页。

⑤ （清）胡渭：《禹贡锥指》，上海：上海古籍出版社，2013 年，第 223 页。

⑥ （汉）孔安国传，（唐）孔颖达疏：《尚书正义》，北京：北京大学出版社，1999 年，第150 页。

⑦ （汉）孔安国传，（唐）孔颖达疏：《尚书正义》，北京：北京大学出版社，1999 年，第150 页。

⑧ （清）胡渭：《禹贡锥指》，上海：上海古籍出版社，2013 年，第 224 页。

⑨ （清）胡渭：《禹贡锥指》，上海：上海古籍出版社，2013 年，第 224 页。

草》曰：桧叶尖硬，亦谓之栝，今人名圆柏，以别于侧柏。"① 可知桧性耐寒，其树干及叶子弯曲，叶尖硬，可作棺椁及舟，亦名圆柏，《锥指》又云："栝乃柏之类，叶扁而侧生者为柏，俗谓之侧柏；叶尖硬而向上者为栝，俗谓之圆柏。"② 可知栝亦柏树的一种，为叶尖硬向上者。

柏，即上文中的侧柏，为"叶扁而侧生者"。《锥指》："荆、扬贡木，或以为其中有宫室之用。余按《鲁颂》曰'徂来之松，新甫之柏。'《商颂》曰'陟彼景山，松柏丸丸。'皆言作寝庙事。可见古人之宫室，唯以松柏为之。"③ 可知柏树是古代官庙、宫室建筑的主要用材之一。

"砺砥砮丹"，《锥指》："此四者皆石之类。"④

"砺、砥"，伪孔："砥细于砺，皆磨石也。"⑤ 孔疏承之云："'砥'以细密为名，'砺'以粗粝为称，故'砥细于砺，皆磨石也'。郑云：'砺，磨刀刃石也。精者曰砥。'"⑥ 可知砥、砺都是磨刀石，粗者称"砺"，精者称"砥"。胡渭《锥指》引夏氏云："《山海经》谓荆山首自景山至琴鼓山，凡二十有三，而获多砥、砺。则荆州贡砥、砺亦宜也。"⑦《锥指》："《子虚赋》言云梦之石曰：瑊玏玄厉。张揖云：玄厉，黑石，可用磨也。是砺、砥出云梦。"⑧ 云梦在古代荆州一带，上述都是此州出磨刀石的证据。

---

① （清）胡渭：《禹贡锥指》，上海：上海古籍出版社，2013 年，第 224 页。
② （清）胡渭：《禹贡锥指》，上海：上海古籍出版社，2013 年，第 224 页。
③ （清）胡渭：《禹贡锥指》，上海：上海古籍出版社，2013 年，第 225 页。
④ （清）胡渭：《禹贡锥指》，上海：上海古籍出版社，2013 年，第 225 页。
⑤ （汉）孔安国传，（唐）孔颖达疏：《尚书正义》，北京：北京大学出版社，1999 年，第 150 页。
⑥ （汉）孔安国传，（唐）孔颖达疏：《尚书正义》，北京：北京大学出版社，1999 年，第 150 页。
⑦ （清）胡渭：《禹贡锥指》，上海：上海古籍出版社，2013 年，第 225 页。
⑧ （清）胡渭：《禹贡锥指》，上海：上海古籍出版社，2013 年，第 225 页。

　　砮，《释文》："砮音奴，韦昭乃固反。"[①]伪孔："砮，石，中矢镞。"[②]孔疏："《鲁语》曰：'肃慎氏贡楛矢石砮。'贾逵云：'砮，矢镞之石也。'故曰'砮，石，中矢镞'。"[③]可知砮是石头作的箭头，苏轼《石砮记》："余自儋耳北归江上，得古箭镞，棱锋而剑脊，其廉可划，而其质则石，此即所谓楛矢石砮。"[④]《锥指》引王明逸云："……子瞻之所见，古荆、梁外徼固宜有之也。"[⑤]可知砮为荆州特产。

　　丹，伪孔："丹，朱类。"孔疏："'丹'者，丹砂，故云'朱类'。王肃云：'丹可以为采。'"[⑥]可知"丹"为丹砂，可作颜料。《锥指》："苏颂《图经本草》曰：丹砂今出辰州、宜州、阶州，辰最胜，谓之辰砂。其块大者如鸡子，小者如石榴颗、芙蓉头……真辰砂也。渭按：《周书·王会》：卜人以丹砂。孔晁注曰：卜人，西南之蛮，丹砂所出。王应麟补注曰：《太平御览》：卜人，盖今之濮人也。伊尹为四方献，令正南百濮。《牧誓》注：濮在江、汉之南。《左氏传》：巴濮吾南土也。然则卜人寔荆域，故贡丹砂也。《通典》：辰州贡光明砂四斤。是辰产最胜。"[⑦]辰州，今湖南怀化市北部地区，古属于荆州域，上述所说都是古荆州出丹砂的证明；李长傅《禹贡释地》："丹，即硃砂。《元和郡县志》：'辰州贡光明砂。'今浣陵（辰州）仍以产硃砂著称，叫'辰

① （汉）孔安国传，（唐）孔颖达疏：《尚书正义》，北京：北京大学出版社，1999年，第150页。

② （汉）孔安国传，（唐）孔颖达疏：《尚书正义》，北京：北京大学出版社，1999年，第150页。

③ （汉）孔安国传，（唐）孔颖达疏：《尚书正义》，北京：北京大学出版社，1999年，第150页。

④ 顾颉刚、刘起釪：《尚书校释译论》，北京：中华书局，2005年，第665页。

⑤ （清）胡渭：《禹贡锥指》，上海：上海古籍出版社，2013年，第226页。

⑥ （汉）孔安国传，（唐）孔颖达疏：《尚书正义》，北京：北京大学出版社，1999年，第150页。

⑦ （清）胡渭：《禹贡锥指》，上海：上海古籍出版社，2013年，第226页。

砂。’”①亦证明了这一点。

"惟菌簵楛"。惟，《史记》作"维"；《释文》："箘，求陨反，韦昭一名聆风。簵音路。楛音户。"②《说文·竹部》："簬，曰箘簬也。……《夏书》曰'唯箘簵楛'。簵，古文簬。"③《撰异》："合之《说文》，则箘簵合二字为名，乃是一物。"④则簵、簬为一字，云"菌簵"为一物，然伪孔："箘、簵，美竹。"孔疏："'箘、簵，美竹'，当时之名犹然。郑云：'箘簵，筈风也。'竹有二名，或大小异也，箘、簵是两种竹也。"⑤又云箘、簵是二物，是两种竹子的名字；《锥指》："箘簵或以为二种，或以为一种，未知孰是。郑谓大小异名，理或然也。"⑥似乎可以将"箘簵"视为一种植物。

"箘簵"以坚劲称。如黄镇成《尚书通考》："箘簵，竹名，竹之坚者，材中矢笴。"⑦《锥指》引曾氏云："董安于之治晋阳也，公府之垣，皆以荻蒿苫楚廧之，其高丈余。赵襄子发而试之，其坚则箘、簵之所不能过也。则箘、簵竹之坚劲者，其材亦中矢之笴。"⑧江灏、钱宗武《全译》："菌簵，即《吴都赋》中的射筒。刘逵说：'射筒，竹细小通长，长丈余，无节，可以为矢笴。'"⑨可知"箘簵"是作箭的好材料；李长傅《禹贡释地》："《广雅·释草》：'簵，箭也。'湖南、湖北均产竹。黄冈古以产竹著名；今资水流域仍盛

---

① 李长傅：《禹贡释地》，郑州：中州书画社，1982年，第70、71页。

② （汉）孔安国传，（唐）孔颖达疏：《尚书正义》，北京：北京大学出版社，1999年，第150页。

③ 顾颉刚、刘起釪：《尚书校释译论》，北京：中华书局，2005年，第666页。

④ 顾颉刚、刘起釪：《尚书校释译论》，北京：中华书局，2005年，第666页。

⑤ （汉）孔安国传，（唐）孔颖达疏：《尚书正义》，北京：北京大学出版社，1999年，第150页。

⑥ （清）胡渭：《禹贡锥指》，上海：上海古籍出版社，2013年，第227页。

⑦ 顾颉刚、刘起釪：《尚书校释译论》，北京：中华书局，2005年，第667页。

⑧ （清）胡渭：《禹贡锥指》，上海：上海古籍出版社，2013年，第227页。

⑨ 江灏、钱宗武：《今古文尚书全译》，贵阳：贵州人民出版社，1990年，第78页。

产竹子。"①《禹贡汇疏》引《竹谱》云："箘簬二竹亦皆中矢，《吕氏春秋》云：'骆越之菌。'然则南越亦产，不但荆也。"②可知南越地区亦产此竹。

楛，《释文》："楛音户，马云：'木名，可以为箭。'"③陆玑《草木疏》云："楛形似荆而赤，茎似蓍，上党人织以为牛筥箱器，又屈以为妇人钗。然则楛亦北地所有，但不中矢榦，故必取诸荆耳。"④可知荆州之楛可作箭干；清人董增龄疏《国语》引《括地志》云："靺鞨国古肃慎也，其人勇力善射，弓长四尺如弩，矢用楛，长一尺八寸，青石为镞。"又引阎若璩云："混同江江边有榆树松树。枝既枯，堕入江，为波浪所激荡，不知几何年化为石，可取以为箭镞。榆化为上，松次之。西南去六百里长白山，山巅之险及黑松林遍生楛木，可取以为矢。质坚而直，不为燥湿所移。"⑤可知楛是古代有名的坚木，可作箭，东北肃慎族贡此物，荆州亦贡此物；《锥指》："古矢笴之材，有竹有木。竹二：一为扬之篠……木二：一为荆之楛，一为冀之蒲也。"⑥荆州之菌簬和楛都是制箭的好材料。

"包匦菁茅"。"匦"，《释文》："匦，音轨。"⑦段氏《撰异》："匦读为纠，古音同在第三部也。古音簋、轨字皆读如九。"⑧从古音的角度认为"匦"同"簋"、"轨"，同读"九"音。

① 李长傅：《禹贡释地》，郑州：中州书画社，1982年，第71页。
② 顾颉刚、刘起釪：《尚书校释译论》，北京：中华书局，2005年，第667页。
③ （汉）孔安国传，（唐）孔颖达疏：《尚书正义》，北京：北京大学出版社，1999年，第150页。
④ （清）胡渭：《禹贡锥指》，上海：上海古籍出版社，2013年，第227页。
⑤ 顾颉刚、刘起釪：《尚书校释译论》，北京：中华书局，2005年，第667页。
⑥ （清）胡渭：《禹贡锥指》，上海：上海古籍出版社，2013年，第228页。
⑦ 顾颉刚、刘起釪：《尚书校释译论》，北京：中华书局，2005年，第668页。
⑧ 顾颉刚、刘起釪：《尚书校释译论》，北京：中华书局，2005年，第668页。

首先，关于"包匦菁茅"断句：

一、"包匦"的是"菁茅"。郑玄："匦，缠结也。菁茅，茅有毛刺者，给宗庙缩酒。重之，故包裹又缠结也。"① "匦"是缠结的意思，"菁茅"为有毛刺的茅草，用以宗庙缩酒，因较重，故包裹又缠结之。北宋刘逴亦云："匦犹结也。……生桂阳，可以缩酒，给宗庙异物也。重之，故既包裹而又缠结之。"② 这是第一种说法。

二、从"包"处断句，"包"后省略橘柚，"匦"里装的是菁茅。这一说法自王肃始，其云扬州"厥包橘柚"，此处"从省而可知也。"③ 伪孔传、孔疏等皆沿袭此说，如伪孔："包，橘柚……匦，匣也。菁以为菹，茅以缩酒。"④ 孔疏："此州所出与扬州同，扬州'厥包橘柚'，知此'包'是'橘柚'也。"⑤ 然此说纷纷遭致后儒反对，如林氏《全解》："孔氏以包为一句，谓包者橘柚也。……案：《左氏传》齐桓公责楚贡包茅不入，王祭不供，无以缩酒，则茅之有包，自古然也，以是知孔氏之说为未然。"⑥ 王先谦《参正》亦引王鸣盛云："'包匦'连文，自属一事。截'包'作注，以为橘柚，割裂穿凿之甚。且扬州明言橘柚，荆州并无橘柚字，反谓荆州常贡而扬州特继其乏，（见上扬州注。）亦殊违反，皆非也。……近儒以为伪传出肃，又一证也。"⑦ 亦明确反对"包"

① 顾颉刚、刘起釪：《尚书校释译论》，北京：中华书局，2005 年，第 668 页。

② （清）孙星衍：《尚书今古文注疏》，北京：中华书局，2017 年，第 167 页。

③ （汉）孔安国传，（唐）孔颖达疏：《尚书正义》，上海：上海古籍出版社，2007 年，第 215 页。

④ （汉）孔安国传，（唐）孔颖达疏：《尚书正义》，上海：上海古籍出版社，2007 年，第 215 页。

⑤ （汉）孔安国传，（唐）孔颖达疏：《尚书正义》，上海：上海古籍出版社，2007 年，第 215 页。

⑥ （清）纪昀、陆锡熊、孙士毅等：《景印文渊阁四库全书》，台北：台湾商务印书馆，1986 年，第 55 册，第 167 页。

⑦ （清）王先谦：《尚书孔传参正》，北京：中华书局，2011 年，第 284 页。

为橘柚说。诚然，《左传》中齐桓公责楚包茅不入，王祭不供，无以缩酒，"包茅"一词自古有之，且扬州明言"厥包橘柚"，而荆州并无"橘柚"，反谓此"包"后省略橘柚，确有割裂穿凿之嫌，故"'包匦'连文，自属一事。"①

其次，"匦"的涵义。郑玄释"匦"为缠结，"包匦菁茅"为包裹又缠结起来的茅草，用以宗庙缩酒。伪孔传、颜师古等则释"匦"为匣子，如伪孔："匦，匣也。"②颜师古："匦，柙也。"③孔疏从字形的角度出发，云："《说文》云：'匚，受物之器，象形也。凡匚之属皆从匚。'匮、匣之字皆从匚，匦亦从匚，故匦是匣也。"④认为"匣是匮之别名，匮之小者。菁、茅所盛不须大匮，故用匣也。"⑤"匮"是柜子，"匦"是小柜子、小匣子的意思，菁茅所盛，不须大柜，故而用匣，"包匦菁茅"是包裹且用匣子装起来的菁茅，后儒亦多从此释。

再者，"包"的内容即"菁茅"为何物，这是分歧的重点。

一、郑玄释"菁茅"为茅有毛刺者，用以宗庙缩酒，后儒多从此说，如宋人苏轼、刘逵、蔡沈、张子韶、林之奇、陈经，清人胡渭、王鸣盛、王先谦，今人顾颉刚、刘起釪、李长傅、黄怀信、李民、王健、樊东等。

二、菁茅为两物：伪孔最先将"菁茅"二字拆开解释，认为"菁以为菹，

① （清）王先谦：《尚书孔传参正》，北京：中华书局，2011年，第284页。
② （汉）孔安国传，（唐）孔颖达疏：《尚书正义》，上海：上海古籍出版社，2007年，第215页。
③ 顾颉刚、刘起釪：《尚书校释译论》，北京：中华书局，2005年，第668页。
④ （汉）孔安国传，（唐）孔颖达疏：《尚书正义》，上海：上海古籍出版社，2007年，第215页。
⑤ （汉）孔安国传，（唐）孔颖达疏：《尚书正义》，上海：上海古籍出版社，2007年，第215页。

茅以缩酒。"①《说文》："菹，酢菜也。"②即咸腌菜，"茅"为茅草，用以宗庙缩酒；颜师古亦云："菁，菜也，可以为菹。茅，可以缩酒。苞其茅瓯其菁而献之。"③"菁"是可以制作腌菜的植物，"茅"是茅草；孔疏云《周礼·醢人》中有"菁菹"、"鹿臡"，"故知'菁以为菹'。郑云：'菁，蔓菁也。'蔓菁处处皆有，而令此州贡者，盖以其味善也。僖四年《左传》齐桓公责楚云：'尔贡包茅不入，王祭不供，无以缩酒。'是茅以缩酒也。"④"菁"是蔓菁、蔓菁，"茅"是茅草，蔓菁处处皆有，而独令此州进贡者，因其味道好。对前人之说作了进一步的阐释与发挥，然此说纷纷遭到后儒的反对，如林之奇、蔡沈、陈经、王鸣盛、胡渭等，其纷引《左传》及《管子·轻重丁篇》等，说明"菁茅"为一物，为"茅名，不可分而为二"的道理，如《蔡传》："齐桓公责楚：'贡包茅不入，王祭不供，无以缩酒。'又管子云：江淮之间，一茅而三脊名曰菁茅。菁、茅一物也。孔氏谓菁以为菹者，非是。"⑤王鸣盛："伪孔又以菁、茅为二物。《左传》齐桓公责楚包茅不入。《管子》二十四《轻重丁》篇称：'江淮之间，一茆三脊，名曰菁茆。'是包茅相连，包不可别为橘柚。菁茅，茅名，不可分而为二也。"⑥都是说明"包茅"、"菁茅"相连，不可别为二物的道理。此外，对孔颖达所说的荆州蔓菁味善的说法，也遭到后儒的反对，如林之奇就认为"蔓菁处处有之，岂必贡于荆州耶？郑氏以菁茅为一物，谓茅之有毛刺者，义或然也。"⑦《锥指》引《吕氏春秋》"具区之菁"后云："则菁以扬产

① （汉）孔安国传，（唐）孔颖达疏：《尚书正义》，上海：上海古籍出版社，2014年，第215页。

② 顾颉刚、刘起釪：《尚书校释译论》，北京：中华书局，2005年，第668页。

③ 顾颉刚、刘起釪：《尚书校释译论》，北京：中华书局，2005年，第668页。

④ （汉）孔安国传，（唐）孔颖达疏：《尚书正义》，上海：上海古籍出版社，2007年，第215页。

⑤ （宋）蔡沈：《书集传》，南京：凤凰出版社，2010年，第52页。

⑥ （清）王鸣盛：《尚书后案》，北京：北京大学出版社，2012年，第146页。

⑦ （清）纪昀、陆锡熊、孙士毅等：《景印文渊阁四库全书》，台北：台湾商务印书馆，1986年，第55册，第167页。

为美，未闻荆州味善也，且菁为七菹之一，何独与缩酒之茅同其贵重。郑注此经以菁茅为一物，符合《左传》，确不可易。"① 认为菁以扬产为美，未闻荆州味善，且菁作榨菜，不当与祭祀缩酒之茅同时进贡，故"菁茅"当为一物，从郑玄说。

三、"瓯"：杨梅。包的是杨梅和菁茅，这是一种比较新颖的说法，以今人江灏、钱宗武、曾运乾为代表。如江氏《全译》云："包，包裹。瓯（guǐ 轨）杨梅。《说文》：'瓯，古文簋或从轨。杬，亦古文簋。'《异物志》：'杨梅一名杬，子如弹丸正赤，五月中熟，味甘酸。'（菁茅）王鸣盛说：《管子·轻重篇》：'江淮之间，一茅三脊，名曰菁茅。'"② 其不仅读"瓯"为 guǐ（轨），且认为"瓯"为杨梅，"菁茅"为一茅三脊者；曾运乾《尚书正读》："包，亦包裹而致者。瓯，《说文》古文作'杬'，从木九声。《尔雅·释木》'杬，襞梅'郭注：'杬树状似梅，子如指头，赤色，似小柰，可食。'《异物志》云：'杨梅，一名杬，子如弹丸，正赤，五月中熟，味甘酸。'是也。菁茅，郑云：'茅之有毛刺者，给宗庙缩酒。'"③ 则认为"瓯"同"杬"，读"九"，亦为杨梅的意思，包的是杨梅和菁茅，同江氏之说。

按：《左传》中"包茅"相连，《管子·轻重丁篇》中称一茅三脊者为"菁茅"，可知"包"者不为橘柚，"包瓯"相连，对象为"菁茅"，"瓯"为匣子，"菁茅"为一茅三脊或茅有毛刺者，用以宗庙缩酒，因重，故既包而又匣之。陈经："既瓯匣之外，又从而包裹之，以祭祀之用，尤致其洁，不敢轻也。"④ 黄怀信："既包又匣，以保持卫生。"⑤ 既包且匣，还有示敬和保持清洁卫生的意图。

---

① （清）胡渭：《禹贡锥指》，上海：上海古籍出版社，2013 年，第 230 页。

② 江灏、钱宗武：《今古文尚书全译》，贵阳：贵州人民出版社，1990 年，第 78 页。

③ 曾运乾：《尚书正读》，上海：华东师范大学出版社，2011 年，第 69 页。

④ （清）纪昀、陆锡熊、孙士毅等：《景印文渊阁四库全书》，台北：台湾商务印书馆，1986 年，第 59 册，第 92 页。

⑤ 黄怀信：《尚书注训》，济南：齐鲁书社，2002 年，第 72 页。

荆州进贡的菁茅，其在古代用途颇多，"菁茅"最重要的一项用途为祭祀时缩酒。上文提到齐桓公伐楚，即以"尔贡包茅不入，王祭不共，无以缩酒"作为借口，《仪礼》中有关于"缩酒"的记载，如《士虞礼》："苴刌茅，于几东，束之，实于筐，馔于西坫上。"① 将茅切长约五寸，捆束立于祭前缩酒。关于缩酒，旧时有两种说法，其一，《周礼·天官冢宰》："祭祀，共萧茅。"郑兴注："萧字或为茜。茜读为缩。束茅立之祭前，沃酒其上，酒渗下去，若神饮之，故谓之缩。"并释"缩"为"浚也。"② 王公宗庙祭祀，捆"茅"立于祭前，洒祭酒于其之上，酒渗下去，如神饮之，这就称为缩酒；另一种为郑玄的解释，郑玄注《礼记·效特牲》："缩酌用茅"，云："沛之以茅，缩去滓也。"③ 即用"茅"滤去酒中的渣滓，使酒变为更加清澈干净的"酌"，以祭献神灵祖宗，"茅"在这里起的是滤酒的功用。后之学者释"缩酒"，多从"二郑"之训，或依郑兴说，或依郑玄说，如胡渭《锥指》中引宋人魏了翁云："古无灌茅之义，所谓缩酒，只是醴有糟，故缩于茅以清之。若曰渗下去如神饮，此臆说也。"④ 沿袭的是郑玄的观点，释缩酒为滤酒，胡渭以"《周礼》司尊彝曰醴齐缩酌。注云：以茅缩去滓也。解缩字甚明，仍不用先郑祭前沃酒之说。"⑤ 显然是依从郑玄说，今人顾颉刚、刘起釪等反驳上述观点，其《译论》云："按魏了翁（华父）宋人，何以比汉代之先郑（郑兴）更多了解古意？且将酒醴滤清只是造酒过程之事，何能比古代隆重祭礼中请神歆饮之礼重要？宋人往往按后代的眼光去理解古事，不知按古代重礼尊神的意图去理解古事，致有此失。如果只是过滤酒醴的技术性的事，而不是请神歆饮的宗教性大事，何至有劳齐桓公去责问楚国不贡包茅致误缩酒的

---

① （汉）郑玄注，（唐）贾公彦疏：《仪礼注疏》，北京：北京大学出版社，1999年，第198页。

② （汉）郑玄注，（唐）贾公彦疏：《周礼注疏》，北京：北京大学出版社，1999年，第97、98页。

③ （春秋）左丘明传，（魏晋）杜预注，（唐）孔颖达疏：《春秋左传正义》，北京：北京大学出版社，1999年，第331页。

④ （清）胡渭：《禹贡锥指》，上海：上海古籍出版社，2006年，第230页。

⑤ （清）胡渭：《禹贡锥指》，上海：上海古籍出版社，2006年，第230页。

大事呢？是仍以从郑兴说为合古人原意。"① 显然是反对郑玄以来的滤酒之说，依从郑兴说。

"菁茅"是荆楚之地有名的特产。《管子·轻重丁》篇："江淮之间有一茅而三脊毋至其本，名之曰菁茅。"②《史记·孝武本纪》："江淮间一茅三脊为神藉"。③ 这些典籍提到的茅的产地"江淮"，位于今湖北安陆以东迄于麻城、红安等地，古时属于荆州境域，此外，湖南省产茅处也很多，如《括地志》"辰州"云："辰州芦溪县西南三百五十里有包茅山。《武陵记》云：'山际出包茅，有刺而三脊，因名包茅山。'"④ 茅瑞徵《禹贡汇疏》引《溪蛮丛笑》云："麻阳包茅山，茅生三脊。孟康曰零茅，杨雄曰璐茅，皆三脊也。……包茅山在麻阳县东九十里。靖州亦多有之。"⑤ 辰州、麻阳、靖州均位于今湖南省怀化市，春秋战国时期属于楚地；此外，泉陵也是产包茅的有名之地，《锥指》："湖南产茅处虽多，终当以泉陵之香茅为正。"⑥《水经注》"又东北过泉陵县西"下云："《晋书·地道记》曰：县有香茅，气甚芬香，言贡之以缩酒也。"⑦ 胡渭认为："盖此茅洁且芳，异于他处所产，宜缩祭祀之酒，故特令包匦而贡之。"⑧ 泉陵位于现湖南省南部，古时也属荆楚境域。

"菁茅"作为荆州有名的特产，自古就作为贡品。早在西周初就规定楚国进贡，如《周礼·天官冢宰》记载："以九贡致邦国之用：一曰祀贡，二曰嫔贡，三曰器贡，四曰币贡，五曰材贡，六曰货贡，七曰服贡，八曰斿

---

① 顾颉刚、刘起釪：《尚书校释译论》，北京：中华书局，2005 年，第 669、670 页。

② 赵守正：《管子注译》，南宁：广西人民出版社，1987 年，第 382 页。

③ 许嘉璐：《二十四史全译·史记》，上海：汉语大词典出版社，2004 年，第 182 页。

④ 顾颉刚、刘起釪：《尚书校释译论》，北京：中华书局，2005 年，第 670 页。

⑤ （清）胡渭：《禹贡锥指》，上海：上海古籍出版社，2013 年，第 230、231 页。

⑥ （清）胡渭：《禹贡锥指》，上海：上海古籍出版社，2013 年，第 231 页。

⑦ 陈桥驿：《水经注校证》，北京：中华书局，2007 年，第 891、892 页。

⑧ （清）胡渭：《禹贡锥指》，上海：上海古籍出版社，2013 年，第 229 页。

贡，九曰物贡。"郑众云："祀贡，牺牲包茅之属。"①《尚书·禹贡》中规定荆州进贡的物品中也包括菁茅，《左传·僖公四年》齐桓公伐楚，即以"尔贡包茅不入，王祭不共，无以缩酒"作为理由。《汉书·严朱吾丘主父徐严终王贾传》严安上书汉武帝说："宜因昭时令日，改定告元，且白茅于江淮，发嘉号于营丘，以应缉熙，使著事者有纪焉。"②规定江淮地区必须进贡白茅。《续资治通鉴·元世祖至元十三年》记载云："丙午，敕常德府岁贡包茅。"③可见"菁茅"自古以来一直是被作为荆楚之地必须缴纳的贡品。

"厥篚玄纁玑组"。

"厥篚"，《史记》作"其篚"。《释文》："纁，许云反。玑，其依反，又音机。"④孔疏："《释器》云：'三染谓之纁。'李巡云：'三染其色已成为绛，纁、绛一名也。'《考工记》云：'三入为纁，五入为緅，七入为缁。'郑云：'纁者三入而成，又再染以黑则为緅，又再染以黑则为缁。玄色在緅、缁之间，其六入者是染玄纁之法也。'此州染玄纁色善，故令贡之。"⑤《锥指》："《尔雅》曰：一染谓之縓。縓，今之茜也，色小赤。再染谓之窥。窥，赪也。三染谓之纁，盖黄赤色也。"⑥贾公彦疏《周礼·考工记·钟氏》云："此经及《尔雅》不言四入及六入。按《士冠礼》有'朱纮'之文，郑云'朱

---

① （汉）郑玄注，（唐）贾公彦疏：《周礼注疏》，北京：北京大学出版社，1999年，第38、39页。

② 许嘉璐：《二十四史全译·汉书》，上海：汉语大词典出版社，2004年，第1341页。

③ （清）毕沅：《续资治通鉴》，北京：中华书局，1979年，第4993页。

④ （汉）孔安国传，（唐）孔颖达疏：《尚书正义》，北京：北京大学出版社，1999年，第151页。

⑤ （汉）孔安国传，（唐）孔颖达疏：《尚书正义》，北京：北京大学出版社，1999年，第151页。

⑥ （清）胡渭：《禹贡锥指》，上海：上海古籍出版社，2013年，第232页。

则四入欸'。……若更以此緅入黑汁即为玄，则六入为玄。"① 胡渭："玄、纁之质，盖纤也。"② 可知染一次的丝织物叫纁，染两次的叫赪，染三次的叫纁，染四次的叫朱，染五次的叫緅，染六次的叫玄，染七次的叫缁，多染一次颜色更深一次，缁是最深的黑色丝织物，其次玄是赤黑色，纁是黄赤色织物，"玄纁"，即赤黑色和黄赤色丝织品。伪孔："此州染玄纁色善，故贡之。"③《新唐书·地理志》："江陵郡土贡方纹绫"④，《九域志》："硖州（今宜昌）贡方纹绫"⑤，今江陵地区仍以产绸著称。

"玑组"。伪孔："玑，珠类，生于水。"⑥《释文》："玑……《说文》云：'珠不圆也。'《字书》云：'小珠也。'……组音祖，马云：'组，文也。'"⑦《锥指》："《吕氏春秋》曰：人不爱昆山之玉，江、汉之珠，而爱己之苍璧小玑。李斯《谏逐客书》曰：宛珠之簪，傅玑之珥。是亦为妇人首饰。玑小而不圆，故薛士龙云：今荆州多蚌珠，不足贵也。"⑧ 可知"玑"是不圆的小珍珠；组，《释文》："组音祖，马云：'组，文也。'"⑨ 伪孔："组，绶类。"⑩ 绶，即古代用以系佩玉、官印等东西的绸带。《锥指》："《礼记·玉

---

① 顾颉刚、刘起釪：《尚书校释译论》，北京：中华书局，2005 年，第 671 页。
② 李长傅：《禹贡释地》，郑州：中州书画社，1982 年，第 71 页。
③ （汉）孔安国传，（唐）孔颖达疏：《尚书正义》，北京：北京大学出版社，1999 年，第 151 页。
④ 李长傅：《禹贡释地》，郑州：中州书画社，1982 年，第 71 页。
⑤ 李长傅：《禹贡释地》，郑州：中州书画社，1982 年，第 71 页。
⑥ （汉）孔安国传，（唐）孔颖达疏：《尚书正义》，北京：北京大学出版社，1999 年，第 151 页。
⑦ （汉）孔安国传，（唐）孔颖达疏：《尚书正义》，北京：北京大学出版社，1999 年，第 151 页。
⑧ （清）胡渭：《禹贡锥指》，上海：上海古籍出版社，2013 年，第 232 页。
⑨ （汉）孔安国传，（唐）孔颖达疏：《尚书正义》，北京：北京大学出版社，1999 年，第 151 页。
⑩ （汉）孔安国传，（唐）孔颖达疏：《尚书正义》，北京：北京大学出版社，1999 年，第 151 页。

藻》曰：天子佩白玉而玄组绶，公侯佩山玄玉而朱组绶，大夫佩水苍玉而纯组绶，世子佩瑜玉而綦组绶，士佩瓀玟而缊组绶，此佩玉之组也。"①又云："玄冠丹组缨，诸侯之齐冠；玄冠綦组缨，士之齐冠，此冠缨之组也。"②又云："天子素带终辟，大夫素带辟垂，士练带率下辟，居士锦带、弟子缟带并纽约，用组三寸长，齐于带，此带纽约之组也。"③又云："组之为用有三，唯佩玉之组贯珠，余则否。其制有珩、璜、瑀、琚之名，上横曰珩，系三组，贯以蠙珠……此州所贡正佩玉之组，君臣佩玉，尊卑有等，故或用珠或用玑焉。"④可知"组"之用途有三：佩玉的组、冠缨的组和带纽约之组，然唯有佩玉的组上缀以珠玑，君臣尊卑有等，或用珠或用玑，用玑者又称"玑组"，故"玑组"当为一物，即缀有玑的绸带。林氏《全解》："组、绶、玄，类此三物者皆入于筐筐而贡之。"⑤《蔡传》："纁，绛色币也。玑，珠不圆者。组，绶类。"⑥都是将玄纁、玑、组作三样事物言之，此不确。

"九江纳锡大龟"。伪孔："尺二寸曰大龟，出于九江水中。龟不常用，锡命而纳之。"⑦《释文》："马云：'纳，入也。'"⑧孔疏："《史记·龟策传》云'龟千岁满尺二寸'，《汉书·食货志》云'元龟距冉长尺二寸'，故以'尺二寸为大龟'。冠以'九江'，知'出九江水中'也。文在'筐'下而言'纳锡'，是言'龟不常用，故锡命乃纳之'，言此大龟锡命乃贡之

① （清）胡渭：《禹贡锥指》，上海：上海古籍出版社，2013年，第232页。

② （清）胡渭：《禹贡锥指》，上海：上海古籍出版社，2013年，第232页。

③ （清）胡渭：《禹贡锥指》，上海：上海古籍出版社，2013年，第232页。

④ （清）胡渭：《禹贡锥指》，上海：上海古籍出版社，2013年，第232、233页。

⑤ （宋）林之奇：《尚书全解》，北京：人民出版社，2019年，第143页。

⑥ （宋）蔡沈：《书集传》，南京：凤凰出版社，2010年，第52页。

⑦ （汉）孔安国传，（唐）孔颖达疏：《尚书正义》，北京：北京大学出版社，1999年，第151页。

⑧ （汉）孔安国传，（唐）孔颖达疏：《尚书正义》，北京：北京大学出版社，1999年，第151页。

也。"①"锡"即"贡",前文已有相关论述,此处不再赘述。大龟,一作神龟,《史记·龟策列传》:"神龟出于江水中。"《通典》:"广济县蔡山出大龟。《尚书》云,九江纳锡、大龟,即此。"②龟甲供古人作占卜之用,邵望平《〈禹贡〉九州风土考古学丛考》中云:"在中国文化史上,龟灵观念由来已久。属于公元前三千年间大汶口文化的多处墓地上,以及河南淅川下王岗、四川巫山大溪、江苏武进墟墩等墓地上,都发现了以龟随葬的现象。古史传说中夏已有了龟卜。但考古学所能证明的是,商代后期龟卜始兴,尤以武丁期为盛,至西周仍不衰。岐山周原发现卜甲甚多,一窖所出竟一万七千余片。……纵观历史,龟卜当以三代为盛。命荆州贡大龟或可视为西周以前之史迹。"③荆州进贡大龟用以占卜的记录,可作为考查西周以前之史迹的材料。

---

① (汉)孔安国传,(唐)孔颖达疏:《尚书正义》,北京:北京大学出版社,1999年,第151页。

② 李长傅:《禹贡释地》,郑州:中州书画社,1982年,第72页。

③ 顾颉刚、刘起釪:《尚书校释译论》,北京:中华书局,2005年,第672页。

第七章

豫州赋贡研究

第一节　豫州土壤简介

"荆河惟豫州"，即荆山和大河之间是豫州区域，其区域大致为今河南东南部及安徽北部。

"厥土惟壤，下土坟垆"，孔疏："豫州直言壤不言其色，盖州内之土不纯一色，故不得言色也。"[①]《蔡传》："土不言色者，其色杂也。"[②]按：冀州"厥土惟白壤"，雍州"厥土惟黄壤"，则此处"壤"前当脱一字。"壤"义前文已释，是指疏松无块的柔土，陈恩凤先生说："豫为今之河南，平原多为石灰性冲积土，或即所称壤。无论盐渍土或石灰性冲积土，皆属由黄河冲积之次生黄土。"[③]

坟垆。"坟"，陈恩凤《中国土壤地理》中云："古人释坟为土脉坟起，马（融）传称'坟有膏肥'，……坟为高起之地而有膏肥，似指丘陵土壤而不尽肥沃。"[④]综合二说，释"坟"为不尽肥沃的丘陵土壤，此说为是。

垆，郑玄、伪孔等释作"疏"；《说文》："黑刚土也。"[⑤]即黑色硬质土；《释名·释地》："土黑曰卢，卢然解散也。"[⑥]"垆"又释作黑色疏松之土。今人万国鼎《中国古代对于土壤种类及其分布的知识》一文中，认为"垆"是一种石灰性黏土，夹杂着许多石灰结核。黏土夹杂着礓砾硬块，所

---

① （汉）孔安国传，（唐）孔颖达疏：《尚书正义》，上海：上海古籍出版社，2007年，第194页。

② （宋）蔡沈：《书集传》，南京：凤凰出版社，2010年，第53页。

③ 万国鼎：《中国古代对于土壤种类及其分布的知识》，《南京农业学院学报》，1956年6月15日。

④ 顾颉刚、刘起釪：《尚书校释译论》，北京：中华书局，2005年，第559页。

⑤ （汉）孔安国传，（唐）孔颖达疏：《尚书正义》，上海：上海古籍出版社，2007年，第218页。

⑥ 顾颉刚、刘起釪：《尚书校释译论》，北京：中华书局，2005年，第677页。

以是硬的，含石灰较多的黏土，干时较脆，容易解散，所以它又是疏的，但这种疏，与前面所说的壤的疏松不一样，壤是柔和无块而有结构的疏松，垆土则因夹杂硬块很多，而且干后较脆，所以才说它是疏的。今人辛树帜先生认为，垆"土坚刚而色黑，或指分布于河南低城地石灰性冲积土底层之深灰黏土与石灰结核；结核多者连接成层。今河南、山西、山东人民尚有称之为垆者，亦称沙姜。"①

豫州"厥土惟壤，下土坟垆"，关于"下土"，历来有两种释义，一种释作土壤等级，如马融："豫州地有三等，下者坟垆也。"②"坟垆"为下等之土，今人黄怀信《尚书注训》："这一州的土壤主要为细柔土，质地差的下等土隆起而坚硬。"③樊东《〈尚书译注〉》："这一地区的土大多是柔软的细土，差一些的土地是坚硬的土丘。"④都是将"下土"释作下等、劣质义；另一种以地形高下释之，如颜师古："高地则壤，下地则坟垆。"⑤《蔡传》："其土有高下之不同，故别言之。"⑥屈万里《尚书今注今译》："这里的土壤是柔软而细密的，低洼地带的土壤是肥沃的黑色硬土。"⑦都是以地形高下为依据。其实这两种说法都是不准确的，许慎《说文·阜部》中记载古人春耕："耕以舌，浚出下垆土也"⑧，"舌"是掘土、挖掘的意思，"浚"为深取，即将下层的垆土挖取出来。可知垆土是在耕地的底层，同时可以说明《禹贡》所说的"下土坟垆"的下土，可能是指下层之土，而非有些注疏家所说的下等或低地土，辛树帜《禹贡

---

① 李民、王健：《尚书译注》，上海：上海古籍出版社，2021年，第73页。

② （清）孙星衍：《尚书今古文注疏》，北京：中华书局，2017年，第171页。

③ 黄怀信：《尚书注训》，济南：齐鲁书社，2002年，第73页。

④ 樊东：《尚书译注》，上海：上海三联书店，2013年，第31页。

⑤ 顾颉刚、刘起釪：《尚书校释译论》，北京：中华书局，2005年，第677页。

⑥ （宋）蔡沈：《书集传》，南京：凤凰出版社，2010年，第53页。

⑦ 屈万里：《尚书今注今译》，上海：上海辞书出版社，2021年，第52页。

⑧ 万国鼎：《中国古代对于土壤种类及其分布的知识》，《南京农业学院学报》，1956年6月15日。

新解》中认为"垆"与前述之"坟"，"皆为壤之下土即底层……继为丘陵土与次生黄土所掩盖"[①]，《中国土壤图》载"今河南境内西部为黄棕壤与棕壤，东部为潮土（即原冲积土），豫西北黄河沿岸则有墡土（是长期耕种熟化的土壤），当由周代土壤熟化而成。"[②]可知豫州土壤大体分布："坟垆"在东、西部，西北则多为壤土，"无论就地区所在言或就土层排列言，皆属符合。"[③]豫州土壤成分之复杂，亦可略见一斑。

第二节　豫州赋贡问题研究

"厥田惟中上，厥赋错上中"，伪孔："田第四，赋第二，又杂出第一。"[④]今人刘起釪则认为："然此处《禹贡》原文未明言杂出第一，不如释为杂用第二等，可上下浮动。"[⑤]亦可备此一说。

豫州"厥贡漆、枲、絺、纻"。漆、枲、絺，前文已有相关论述，此处不再赘述。

"纻"，孔疏："纻，直吕反。"[⑥]"字又作'苎'"[⑦]，亦作"绉"。《说文》："绉：麻属，细者为绉，粗者为纻。"[⑧]可知"纻"是一种麻类植物的纤

---

① 李民、王健：《尚书译注》，上海：上海古籍出版社，2021年，第73页。

② 顾颉刚、刘起釪：《尚书校释译论》，北京：中华书局，2005年，第678页。

③ 李民、王健：《尚书译注》，上海：上海古籍出版社，2021年，第73页。

④ （汉）孔安国传，（唐）孔颖达疏：《尚书正义》，北京：北京大学出版社，1999年，第152页。

⑤ 顾颉刚、刘起釪：《尚书校释译论》，北京：中华书局，2005年，第678页。

⑥ （汉）孔安国传，（唐）孔颖达疏：《尚书正义》，北京：北京大学出版社，1999年，第153页。

⑦ （汉）毛亨传，（汉）郑玄笺，（唐）孔颖达疏：《毛诗正义》，北京：北京大学出版社，1999年，第446页。

⑧ 李恩江、贾玉民：《文白对照说文解字译述》，郑州：中原农民出版社，2000年，第1236页。

维，用这种纤维织成的布，纹理细密者称"绤"，粗疏者称"绤"；《说苑·尊贤》中引逸《诗》云："诗曰：'绵绵之葛，在于旷野，良工得之，以为绤绤。'"① 知"绤"是葛制的织品。麻、葛、丝是古时人们赖以为衣履的几种基本原料。

古籍中有关于绉麻的记载。如《诗经·东门之池》："东门之池，可以沤绉。"孔颖达引陆机《疏》云："绉亦麻也，科生，数十茎，宿根在地中，至春日自生，不岁种也。荆、扬之间，一岁三收。今官园种之，岁再刈，刈便生。剥之以铁若竹，挟之表，厚皮自脱，但得其里韧如筋者，谓之徽绉。今南越绉布皆用此麻。"② 绉是麻的一种，为多年生宿根性草本植物，绉麻根宿于地中，"至春日自生"，因而不需要每年播种，据现代研究，其宿根可达 10 至 30 年，可见生命力相当顽强。绉麻纤维坚韧，可用来织布。宋代苏颂的《本草图经》中也有关于绉麻的描述："苎根，旧不载所出州土，今闽、蜀、江、浙多有之。其皮可以绩布。苗高七、八尺；叶如楮叶，面青背白，有短毛；夏秋间著细穗青花；其根黄白而轻虚。二月、八月采。"③ 也提到了绉麻的一些特点：绉麻可长至七八尺高，皮纤维可用来织布，叶子形如楮叶，表面青色，背面白色，且生有白色细毛，夏秋之际长细穗，开青花，根黄白颜色，一年可两收或三收，产地主要集中在中国西南地区等。

关于绉麻的产地和进贡，许多典籍中都有记载，如《左传·襄公二十九年》中记："吴公子札聘于郑，见子产与之缟带，子产献绤衣焉。"杜预注："吴地贵缟，郑地贵绤，故各献己所贵，示损己而不为彼货利。"④ 吴季札来到郑国见到子产，二人各献己国所贵，以示交好，胡渭认为"陈、郑皆豫域，绤固其土宜

---

① 向宗鲁：《说苑校正》，北京：中华书局，1987 年，第 178 页。

② （汉）毛亨传，（汉）郑玄笺，（唐）孔颖达疏：《毛诗正义》，北京：北京大学出版社，1999 年，第 445、446 页。

③ （宋）苏颂：《本草图经》，合肥：安徽科学技术出版社，1994 年，第 287 页。

④ （清）胡渭：《禹贡锥指》，上海：上海古籍出版社，2013 年，第 257 页。

也。"① 作为豫州产纻的依据，《孔疏》则认为："杜以缟是中国所有，纻是南边之物。非土所有，各是其贵。"② 与胡渭观点相左，认为纻是南方植物，非中原所有，物以稀为贵，因而子产会以本土不常有的纻衣相赠。这一解释是有根据的，如元人王祯的《农书》中云："南人不解刈麻（大麻），北人不知治苎。"中国北方的天气相对干燥寒冷，不太适宜纻麻生长，因而长期以来，纻麻的种植主要集中在我国的西南地区，《汉书·地理志》中记南越，"男子耕农，种禾稻纻麻，女子桑蚕织绩。"③《后汉书·循吏列传》中记南阳茨充代卫飒为桂阳太守时，"善其政，教民种殖柘桑麻纻之属，劝令养蚕织屦，民得利益焉。"④ 桂阳为今湖南省东南部，也属于中国的南部地区。此外，三国时期的吴地也是纻麻的主要产地，如《锥指》中云："迨晋世有白纻舞，江左歌辞极状舞衣之精妙，则吴地亦贵纻矣。"⑤《晋书·志》中也记："白纻舞，案舞辞有巾袍之言。纻本吴地所出，宜是吴舞也。晋《俳歌》又云：'皎皎白绪，节节为双。'吴音呼绪为纻，疑白纻即白绪也。"⑥ 可知纻麻曾为吴地特产；唐代时期，麻纻产地主要集中在荆、扬地区，如《锥指》云："延及唐时，《通典》言贡苎布者，宣、常、湖、吉、袁、郢、复、岳、郴、朗凡十州，皆荆、扬之产，陆玑所谓一岁三收者矣。此古今风土之变也。"⑦ 宋及明清时期，纻麻的种植范围逐渐扩大，遍及中国西南地区，如《本草图经》中云："苎根…今闽、蜀、江、浙多有之"，从另一角度来说，诚如胡渭所云："此古今风土之变也。"⑧

---

① （清）胡渭：《禹贡锥指》，上海：上海古籍出版社，2013年，第257页。

② （春秋）左丘明传，（晋）杜预注，（唐）孔颖达疏：《春秋左传正义》，北京：北京大学出版社，第1108页。

③ 许嘉璐：《二十四史全译·汉书》，上海：汉语大词典出版社，第755页。

④ （南朝宋）范晔：《后汉书》，北京：中华书局，1999年，第1663页。

⑤ （清）胡渭：《禹贡锥指》，上海：上海古籍出版社，2013年，第257页。

⑥ （唐）房玄龄等：《晋书》，上海：汉语大词典出版社，2004年，第548页。

⑦ （清）胡渭：《禹贡锥指》，上海：上海古籍出版社，2013年，第257页。

⑧ （清）胡渭：《禹贡锥指》，上海：上海古籍出版社，2013年，第257页。

　　绖自古被作为贡品。《周礼·地官司徒》中的"掌葛"，"凡葛征，徵草贡之材于泽农，以当邦赋之政令。"郑玄注："草贡出泽，蒉绖之属可缉绩者。"① 绖麻被征，以供纺织之用；"典枲掌布缌缕绖之麻草之物，以待时颁功而授赍。"② 负责将绖麻、葛等材料分配给女工，以纺织成布；此外还有"九贡"，其中"七曰服贡"，郑玄云："服贡，绨绖也。"③ 可知需贡绖麻布。

　　《禹贡》豫州贡"绖"，然"绖"的形态众说纷纭，如《锥指》引林之奇云："颜师古谓织绖为布及练，然经但言贡绖，成布与未成布，不可详也。"④ 颜师古认为进贡的是绖麻织成的布和练，林氏反对这一说法，他认为《禹贡》只说贡绖，并未说成布未成布，《蔡传》亦同之；胡渭《锥指》中云："葛成布，有绨绤之名。绖成布无他名，仍谓之绖而已。"⑤ 故"绖"有可能是绖麻，也有可能是绖麻布，但胡氏又云："绖在绨下，则亦布也。"⑥ 文中"绖"在"绨"后，故理解为绖麻布比较合适。

　　随着绖麻种植范围的扩大和纺织技术的提高与成熟，后世进贡的绖麻和绖布数量也逐渐增多。如《宋书·本纪》中记宋武帝时，"庚申，送绖绢万匹。"⑦ 隋唐时期，江南地区的绖麻生产急剧增加，据陈清奇先生在《我国古代麻类作物的利用和分布》一文中统计，唐开元25年间，全国的十个道中，调赋绖布的就有三个道，包括了93个州府，主要集中在我国的福建、浙江、江西、江苏、安徽、湖南、湖北、四川和河南南部及贵州部分地区。宋代时期，江西渐渐成为绖麻的种植和纺织中心，有多地进贡绖布，如北宋《元丰九域志》中记载江西袁

---

① （汉）郑玄注，（唐）贾公彦疏：《周礼注疏》，北京：北京大学出版社，1999年，第421页。

② （汉）郑玄注，（唐）贾公彦疏：《周礼注疏》，北京：北京大学出版社，1999年，第201页。

③ （汉）郑玄注，（唐）贾公彦疏：《周礼注疏》，北京：北京大学出版社，1999年，第38页。

④ （清）胡渭：《禹贡锥指》，上海：上海古籍出版社，2013年，第257页。

⑤ （清）胡渭：《禹贡锥指》，上海：上海古籍出版社，2013年，第257页。

⑥ （清）胡渭：《禹贡锥指》，上海：上海古籍出版社，2013年，第257页。

⑦ 许嘉璐：《二十四史全译·宋书》，上海：汉语大词典出版社，2004年，第52页

州、筠州等五地向朝廷进贡精品绽布，其时，宜丰的白绽布也因产量大、质量好而誉满京华；明清时期，江西各府县广大农村已普遍种植绽麻，并逐渐形成万载、宜黄、宜丰等夏布生产和贸易中心；湖南的浏阳、湘乡、攸县、茶陵等地也出产绽布，尤其浏阳的夏布，织工精巧，质地细腻，明时被列为朝廷贡品，到清中叶时期已负盛名，并远渡重洋，销往日本、朝鲜、南洋等地；民国时期，全国绽麻、夏布的种植和产量持续增长，宜春、宜丰等地出产的夏布，质地优良，花色品种多样，远销海内外。如今随着人们生活水平的提高，审美观念的改变，崇尚绿色自然、反璞归真意识的逐渐增强，绽布因自然独特的肌理效果、地域民族的风格特征，越来越受到广大消费者的喜爱，江西的万载县、重庆的荣昌区、湖南浏阳等地成为绽布的主要产区。

三、绽的加工和用途

人们利用绽麻纺织的历史很早，50 年代，在浙江钱山漾新石器遗址中，出土了一批绽麻平纹织物，距今约四千七百多年，其纤维细度和密度与现在的粗布差不多，反映了当时绽麻纺织技术已达到了相当的水平。商至汉代的墓葬中，也出土有大量的绽麻残布，如福建武夷山商代船棺、山西绛县横水西周倗国墓地、江苏六合县和仁东周墓、陕西宝鸡西高泉春秋墓葬、江西贵溪龙虎山崖墓、湖南长沙五里牌 406 号楚墓、河北平山县中山国王墓、湖南长沙马王堆 1 号汉墓、朝鲜平壤附近的东汉王旴墓等，都发现有绽麻残布，大部分为白色平纹，纺织精细。

人们种植绽麻，主要利用其纤维纺织成布，制成衣服或帷幕。绽麻布制作程序复杂，要经过种麻、浸麻、剥麻、漂洗、绩麻等 12 道手工工序，其中"浸麻"的工序在《诗经》中即有记载，如《陈风·东门之池》中云："东门之池，可以沤麻。""东门之池，可以沤绽。""沤"，注："柔也。"郑玄笺："于池中柔麻，使可缉绩作衣服。"[1]即将绽麻放入水池进行浸泡，使之自然发酵，

---

[1] （汉）毛亨传，（汉）郑玄笺，（唐）孔颖达疏：《毛诗正义》，北京：北京大学出版社，1999 年，第 445 页。

使麻部分脱胶，以变得更为柔韧，如《天工开物·夏服》中就提到纻麻的浸泡过程：纻剥皮后要先晒干，浸泡时间不得超过五小时，浸泡过程中需要不段撕析纻皮，不然容易腐烂等，其沤泡过程可谓费心繁琐。

纻麻原本是淡黄色，经过漂白加工可变为纯白，《周礼·考工记》中的"帳氏……以涚水沤其丝七日，去地尺暴之。昼暴诸日，夜宿诸井，七日七夜，是谓水涑。""涚水"，郑玄谓："以灰所沛水也。沤，渐也。楚人曰沤，齐人曰溇。"[1] 大致是将麻丝水中加入灰，浸泡后晾干，通过暴晒数日以达到漂白的效果；《天工开物》中也记将纻麻先用稻灰、石灰水煮过之后，用水漂清，晒干以后即变成白色。白色纻麻织成的布称白纻，《周礼·天官冢宰》中"典枲掌布缌缕纻之麻草之物，以待时颁功而授赍。"郑玄注："白而细疏曰纻。"[2] 段玉裁释《说文》"纻"亦云："布白而细曰纻。"[3] 这里的"纻"即白色纻麻布。近年出土的许多纻麻残布均为白色平纹，制作精细，可以证明这一点，如湖南长沙五里牌 406 号战国楚墓中出土的纻麻残布，为白色平纹，经密、纬密分别为每厘米 28 根和 24 根，制作精细；河北战国时期中山国国君墓中出土的纻麻残布，为白色，经密、纬密分别为每厘米 20 根和 12 根，纺织也很细密，均反映了纻麻布"白而细疏"的特点。

白纻洁白轻盈，透气性好，韧性强，吸湿和散热效果都好，古人往往将其制成夏衣，因而又称"夏布"。《礼记·丧服大记》："凡陈衣不诎，非列采不入，绤、绤、纻不入。"郑玄注："绤、绤、纻者，当暑之亵衣也。"[4] "亵衣"，这里指内衣、贴身穿的衣服的意思；《淮南子·人间训》："冬日被裘罽，夏日服绤纻"，可知"纻"亦可作暑天穿的衣服。

---

[1] （汉）郑玄注，（唐）贾公彦疏：《周礼注疏》，北京：北京大学出版社，1999 年，第 1118、1119 页。

[2] （汉）郑玄注，（唐）贾公彦疏：《周礼注疏》，北京：北京大学出版社，1999 年，第 201 页。

[3] 李恩江、贾玉民：《文白对照说文解字译注》，郑州：中原农民出版社，第 1236 页。

[4] （汉）郑玄注，（唐）贾公彦疏：《礼记正义》，北京：北京大学出版社，1999 年，第 1265 页。

"厥篚纤纩"。《释文》："纩音旷"[①]，伪孔："纩，细绵"[②]；孔疏："《礼·丧大记》候死者'属纩以俟绝气'，即'纩'是新绵耳。'纤'是细，故言'细绵'。"[③]云"纩"是新绵，"纤"是细，"纤纩"即细绵的意思。颜师古注《汉志》亦云"纤纩"为细绵，然林氏《全解》云："诸儒皆以纤纩为细绵，然先儒盖有以黑经白纬为纤者，则纤纩之为二物亦未可知也。"[④]认为"纤"为黑经白纬者，"纤纩"当为二物；《锥指》："《孔传》云：纩，细绵，是以纤为细也。按絮之细者曰纩，不闻纩更有粗细之分，且贡绵必细，何待言纤。纤、纩为二物无疑。《疏》引《丧大记》属纩注，以纩为新绵，尤可笑。纩只是绵，曰细曰新，皆赘辞也。"[⑤]亦认为纤、纩为二物。徐州之"纤"确为黑经白纬的丝织品，然此处亦不必纠结"纤"为细或黑经白纬，要言之，"纤纩"可作一物亦可作两物释。

"锡贡磬错"。"错"，《说文》作"厝"，云："厉石也。"[⑥]即用来磨砺的石头。《诗经·鹤鸣》："它山之石，可以为错。"郑玄注："错，石也，可以琢玉。"[⑦]可知"错"是用来磨治玉石的石头；"磬错"，伪孔云："治玉石曰错。治磬错。"[⑧]云"错"是用来治玉石的，此处的"错"是用来治

① （汉）孔安国传，（唐）孔颖达疏：《尚书正义》，北京：北京大学出版社，1999年，第153页。

② （汉）孔安国传，（唐）孔颖达疏：《尚书正义》，北京：北京大学出版社，1999年，第152页。

③ （汉）孔安国传，（唐）孔颖达疏：《尚书正义》，北京：北京大学出版社，1999年，第153页。

④ （宋）林之奇：《尚书全解》，北京：人民出版社，2019年，第148页。

⑤ （清）胡渭：《禹贡锥指》，上海：上海古籍出版社，2013年，第258页。

⑥ 李恩江、贾玉民：《文白对照说文解字译述》，郑州：中原农民出版社，2000年，第853页。

⑦ （汉）毛亨传，（汉）郑玄笺，（唐）孔颖达疏：《毛诗正义》，北京：北京大学出版社，1999年，第669页。

⑧ （汉）孔安国传，（唐）孔颖达疏：《尚书正义》，北京：北京大学出版社，1999年，第153页。

磬的；《正义》承之云："《诗》云：'佗山之石，可以攻玉。'又曰：'可以为错。'磬有以玉为之者，故云'治玉石曰错'，谓'治磬错'也。"[①] 磬有玉制者，故此处"磬错"是治玉磬的石头。苏轼亦赞同这一说法，其《书传》云："治磬错也。以玉为磬，故以此石治之。"[②] 林氏《全解》："扬子云云：有刀者礛诸，有玉者错诸，不礛不错焉攸用。盖作器者，必赖此以为用也。荆州之砺、砥，所以治刀。此州之错，所以治玉磬。"[③] 与孔、苏等说相同。

对于上述之说，胡渭提出了异议，其《锥指》云："此石不独治玉磬，徐贡浮磬未成器，亦须此石治之。"[④] 认为这里的"磬错"不仅可以用来治玉磬，也可用来治石磬，今人刘起釪也认为："既然错可以治石治玉，则玉磬可治，石磬亦可治，何必一定以玉为之磬始以此错治之。伪孔但言'治磬错'，较妥。"[⑤] 赞同伪孔对"磬错"的笼统解释，即这里进贡的石头是用来治磬的就可以了。

其实此州所贡的"磬错"不管是用来治玉磬还是治石磬，都说明了当时王室乐府机构内是需要这一制磬工具的，如《周礼·考工记》中记周时期设"六工"："攻木之工七，攻金之工六，攻皮之工五，设色之工五，刮摩之工五，搏埴之工二。"[⑥] "玉、雕、矢、磬"就属于"刮摩之工"类，都是需要经过磨砺；下文又云："磬氏为磬，倨句一矩有半。其博为一，股为二，鼓为三。参分其股博，去一以为鼓博；参分其鼓博，以其一为之厚。已上则摩其旁，已下则摩

---

① （汉）孔安国传，（唐）孔颖达疏：《尚书正义》，北京：北京大学出版社，1999 年，第 153 页。

② 顾颉刚、刘起釪：《尚书校释译论》，北京：中华书局，2005 年，第 679 页。

③ （清）胡渭：《禹贡锥指》，上海：上海古籍出版社，2006 年，第 259 页。

④ （清）胡渭：《禹贡锥指》，上海：上海古籍出版社，2006 年，第 259 页。

⑤ 顾颉刚、刘起釪：《尚书校释译论》，北京：中华书局，2005 年，第 679 页。

⑥ （汉）郑玄注，（唐）贾公彦疏：《周礼注疏》，北京：北京大学出版社，1999 年，第 1062 页。

其耑。"① "磬氏"治磬，对磬器制作规格有着严格的要求：磬声太高，就琢磨其两面使其变薄；磬声太浊，就磨去两端使其变得较短，反映了当时的磬器已趋于定型，制磬技术也已相当成熟。

---

① （汉）郑玄注，（唐）贾公彦疏：《周礼注疏》，北京：北京大学出版社，1999 年，第1128、1129 页。

第八章

梁州赋贡研究

第一节 梁州土壤简介

梁州"厥土青黎"。"青"为黑色；"黎"，历来大致有两种释义。

第一种释"黎"作土色。如《史记》《御览》作"土青骊"，郑玄注《诗经·駉》云："纯黑曰骊。"[①]《书传》："黎，黑也。"[②]王世舜《尚书·禹贡篇》："青黎：指土壤颜色而言，即黑色。""这里是一片黑色的土地。"[③]王云森《中国古代土壤分类简介》："本州土壤主要为青黑色，土质复杂。"并引元人吴澄云："土不言质，质不一也。"[④]都是将"黎"作黑色讲。还有释"黎"为其他颜色者，如《释名·释地》："土青曰黎，似藜草色也。"[⑤]藜草色是一种黑中带黄的颜色，"青黎"共同作为土壤的颜色讲。

第二种，"黎"为土质。如《禹贡锥指》引王明逸云："考之经文，辨土有因色不一而不言色者矣。未有言色而不言质者也，亦未有两言其色者也。"[⑥]其考查《禹贡》文本，认为"青黎"同作颜色，不符合《禹贡》体例，故历代学者释"黎"多言其土质，如王肃："青，黑色。黎，小疏也。"[⑦]《锥指》引金履祥曰："黎，细而疏也。梁土色青，故生物易；性疏，故散而不实。"[⑧]认为梁州土黑，故植物容易生长，又因土质疏松，故整体散而不实；梁州为今成都平原一带，胡渭继引颜氏云："向闻吏牍谓成都土疏，难以筑城，盖此也。"[⑨]可

---

① （汉）郑玄笺，（唐）孔颖达疏：《毛诗正义》，北京大学出版社，1999年，第1385页。
② （清）纪昀、陆锡熊、孙士毅等：《景印文渊阁四库全书》，台湾商务印书馆，1986年，第54册，第525页。
③ 王世舜、王翠叶：《尚书》，北京：中华书局，2021年，第73、74页。
④ 王云森：《中国古代土壤分类简介》，1979年2月，第16卷第1期。
⑤ （清）王先谦：《尚书孔传参正》，北京：中华书局，2011年，第294页。
⑥ （清）胡渭：《禹贡锥指》，上海：上海古籍出版社，2013年，第286页。
⑦ （清）胡渭：《禹贡锥指》，上海：上海古籍出版社，2013年，第285页。
⑧ （清）胡渭：《禹贡锥指》，上海：上海古籍出版社，2013年，第285页。
⑨ （清）胡渭：《禹贡锥指》，上海：上海古籍出版社，2013年，第285页。

知此地土质疏松，难以建造房屋。段玉裁从字音的角度，认为"黎之言离。合黎山《水经》作'合离'是也。"江声云："《史记》作'骊'，似当解为黑色马。但此篇记九州之土色质，并言青是色，则黎当以质言，故马训小疏。"①认为"黎"同"合离"之"离"，是疏离、疏松的意思；今人万国鼎亦认为释"黎"作黑色是错的，"青已经有黑色的意思，黎是指结构"，他举例子说："今北京即称黑布为青布。已经说了近乎黑色的青，就不必再说黑色；而且禹贡没有两言色而不说土质的。"②此外，他也从字音的角度，认为"黎"音近"历"，其举《氾胜之书》："春气未通，别土历适不保泽"，云"历"是疏的意思，如屑粒、瘰疬、礌砺的"历"字音都表示小核块，因土粒稍大，土中空隙大易分裂，就表现出疏的性状了；此外，他认为"黎"与"裂"声也是相近的，"所以历的声音会表示疏的意思。"③陈恩凤《中国土壤地理》中认为，"古所谓青黎，皆指黑色。……即就四川盆地丘陵言，今虽为紫色土，但当时情形，如汉书地理志所称：'巴蜀广漠，土地肥美，有江水沃野山林竹木蔬果之饶'，可证土壤中腐植质必丰，色泽必黑。今则因密集耕作而腐植质消失矣。"④梁州土壤黑色，是由于所含植物腐殖质较多，故土壤肥沃，物产丰富，而有机质多的，也是容易形成土壤结构而表现出疏松的状态，故"青黎"当为黑色的细疏沃土，"试就成都平原言，今仍为深灰色无石灰性冲积土，适相符合。"⑤

---

① （清）王先谦：《尚书孔传参正》，北京：中华书局，2011 年，第 294 页。

② 万国鼎：《中国古代对于土壤种类及其分布的知识》，《南京农业学院学报》，1956 年 6 月 15 日。

③ 万国鼎：《中国古代对于土壤种类及其分布的知识》，《南京农业学院学报》，1956 年 6 月 15 日。

④ 万国鼎：《中国古代对于土壤种类及其分布的知识》，《南京农业学院学报》，1956 年 6 月 15 日。

⑤ 万国鼎：《中国古代对于土壤种类及其分布的知识》，《南京农业学院学报》，1956 年 6 月 15 日。

第二节　梁州田赋问题研究

"厥田惟下上，厥赋下中，三错。"伪孔："田第七，赋第八，杂出第七、第九三等。"①孔疏："传以既言'下中'，复云'三错'，举下中第八为正，上下取一，故杂出第七、第九与第八为三也。郑云：'三错者，此州之地有当出下之赋者少耳，又有当出下上、中下者差复益小。'与孔异也。"②认为赋第八，错出第七、第六（下上、中下）等，与伪孔所说的杂出第七、第九等异。

梁州之赋第八，《锥指》引曾彦和云："梁州山多，兖州、扬州水多，故其赋比他州为下等。"③认为梁州因山多，故赋等较低；梁州主要为今四川盆地地区，近世一般认为天府沃野之地，然《禹贡》为何将其田赋列为第七、第八等呢？胡氏继云："如孔氏之说，则田宜上品，而顾乃止居下上，何邪？秦少游云：今天下之田称沃衍者，莫如吴、越、闽、蜀，其一亩所出，视他州辄数倍。彼吴、越、闽、蜀者，古扬州、梁州之地也。案《禹贡》二州之田，在九州等最为下，乃今以沃衍称，何哉！地狭人众，培粪灌溉之功至也。渭按：梁州虽不尽为沃壤，而岷山江水之区，素称肥美，不可谓全是刚瘠。山水终古不易，而扬、梁之赋近世极其浩繁，则禹时赋居下品，亦非以山水多故。田昔瘠而今肥，赋昔少而今多。秦氏谓'地狭人众，培灌功至'，两言尽之矣。蜀自李冰作都安之堰，以便蓄泄，时无荒年。故记曰：水旱从人，不知饥馑，沃野千里，世号陆海，谓之天府。下逮唐、宋，利孔日开，财赋亚于吴、越。时有'扬一益二'之谚，而雍、徐之田，冀、豫之赋，反不足称。古今风土之变，其相去悬绝有如此者。然此犹就后世论之也。吾恐告成之后，数十百年即未必尽与经同。"④文中

---

① （汉）孔安国传，（唐）孔颖达疏：《尚书正义》，北京：北京大学出版社，1999年，第153页。

② （汉）孔安国传，（唐）孔颖达疏：《尚书正义》，北京：北京大学出版社，1999年，第153页。

③ （清）胡渭：《禹贡锥指》，上海：上海古籍出版社，2013年，第286页。

④ （清）胡渭：《禹贡锥指》，上海：上海古籍出版社，2013年，第286、287页。

引秦观"地狭人众，培粪灌溉之功至"，一语道出梁州变为沃野的关键所在。梁州山地较多，然人口众多，《禹贡》时虽土质较差，然岷山江水之区，素称肥美，不可谓全是刚瘠之地；且李冰修建的都江堰，对梁州经济的繁荣发展奠定了基础，其不仅解决了蜀地农业水资源短缺的问题，还防止了洪水灾害，减轻了人民的灾难，促进了社会的繁荣发展，故至战国时，蜀地已被称作天府，至唐宋时期，经济更是繁荣富庶，有"扬（扬州）一益（成都）二"之称，即便"雍、徐之田，冀、豫之赋，反不足称"，故胡氏发出感慨："古今风土之变，其相去悬绝有如此者"。

第三节 梁州之贡研究

梁州"厥贡璆、铁、银、镂"。

璆，大致有两种解释：

一、"璆"为玉石。如伪孔："璆，玉名。"① 孔疏进一步解释云："《释器》云：'璆、琳，玉也。'郭璞云：'璆、琳，美玉之别名。'"② 将"璆"作美玉。苏轼亦云："璆，美玉也。"③ 林之奇则认为"璆"是玉磬，其《全解》云："此'璆'字与'天球'、'鸣球'之字通用，盖玉磬也。"④《蔡传》亦云："璆，玉磬。"⑤ 今人曾运乾、江灏、钱宗武、黄怀信、王世舜等亦持此说，或将"璆"作玉石讲，或作美玉讲。

---

① （汉）孔安国传，（唐）孔颖达疏：《尚书正义》，上海：上海古籍出版社，2007年，第220页。

② （汉）孔安国传，（唐）孔颖达疏：《尚书正义》，上海：上海古籍出版社，2007年，第220页。

③ （清）纪昀、陆锡熊、孙士毅等：《景印文渊阁四库全书》，台北：台湾商务印书馆，1986年，第54册，第525页。

④ （清）纪昀、陆锡熊、孙士毅等：《景印文渊阁四库全书》，台北：台湾商务印书馆，1986年，第55册，第175页。

⑤ （宋）蔡沈：《书集传》，南京：凤凰出版社，2010年，第55页。

二、"璆"为黄金。郑玄："黄金之美者,谓之镠。"①《释文》:"璆音虬,徐又居虬反,又闾幼反,马同。韦昭、郭璞云:'紫磨金。'案郭注《尔雅》,镠即紫磨金。"②读"璆"为"漏",为紫磨金,《锥指》驳之云:"陆氏《释文》曰:璆,韦昭、郭璞云紫磨金。又引《尔雅》注为证。今按《释器》云:黄金谓之璗,其美者谓之镠。注云:镠即紫磨金也。镠与璆不同。《说文》:镠,黄金之美者,从金翏声。徐音力幽切,读若刘。球,玉磬也。从玉求声,或从翏作璆。徐音巨鸠切,读若蚪。字音义皆别,不知韦、郭何以谓璆为紫磨金。岂不从经字而破璆为镠欤,抑亦陆氏之误也。"③王氏《后案》亦云:"郑云'黄金之美者,谓之镠'者,《尔雅·释器》云:'黄金谓之璗,其美者谓之镠。'注云:'镠即紫磨金也。'是也。《说文》卷十四上金部云:'镠,黄金之美者。从金翏声。力幽切。'读若刘。'球,玉磬也。从玉求声。或从翏,作璆。巨鸠切。'读若蚪。二字音义皆别。……金固梁产也,璆定当为镠,自后人妄改从玉,遂以梁州之璆混雍州之球。幸《史记集解》尚采郑注,犹可见真古文也。"④可知璆、镠二字音义皆别:"镠"读作"刘",为紫磨金;"璆"读"求",为玉磬,是两类材质不同的事物。"璆"本当为"镠",因后人妄改从玉,遂以梁州之"璆"混作为雍州之"球",然"金固梁产也",如《锥指》云:"左思《蜀都赋》云:金沙银砾,晖丽灼烁。《后汉书》云:益州金银之所出。《华阳国志》云:广汉刚氏道涪水所出,有金银矿。又云:葭萌县有水通于汉川,有金银矿,民洗取之。《通典》:眉、资、嘉、雅、龙五州并贡麸金。《元和志》成都温江县大江,眉州通义县大江,蜀州唐兴县郫江,龙州江油县涪水,泸州泸川县绵水,资州盘石县牛鞞水,并出麸金。是金固梁产也。又永昌兰仓水出金如糠在沙中,说者谓金生丽水即其地。《水经注》云:华俗谓上金为紫磨金,夷俗谓上金为杨迈金。则梁南微外之夷,多出紫磨金,市取亦易,

---

① (清)孙星衍:《尚书今古文注疏》,北京:中华书局,2017年,第175页。

② (汉)孔安国传,(唐)孔颖达疏:《尚书正义》,上海:上海古籍出版社,2007年,第220页。

③ (清)胡渭:《禹贡锥指》,上海:上海古籍出版社,2013年,第287页。

④ (清)王鸣盛:《尚书后案》,北京:北京大学出版社,2012年,第161页。

且此州贡物凡六，唯璆玉不知出何地，余皆有证据。古不闻此州出美玉，去于阗又远，颇难得，'璆'或'镠'字之讹，亦未可知。镠、铁、银、镂皆金，砮、磬皆石，义似较长也。"① 引《蜀都赋》《后汉书》《华阳国志》《通典》《元和郡县图志》《水经注》等说明梁州产金的事实，此说为是。今人刘起釪亦认为："此句'铁银镂'三字皆金旁，则第一字亦当为金旁之'镠'，而后四者皆金属。……伪孔按旧璆字从玉释为'玉名'，实误。《锥指》指出：'古不闻此州出美玉，去于阗又远。'则释玉自不合于此州。《尔雅·释器》：'黄金谓之璗，其美者谓之镠。'故《史记·集解》引郑玄曰：'黄金之美者谓之镠。'郭璞注《尔雅》云：'镠即紫磨金。'"② 又云："上文扬荆两州'金三品'之'金'，是古人对铜的称呼。此处镠则指黄金。"③ 其亦列举了梁州诸多产金之地，云："惟今览《续汉书·郡国志》益州、广汉、犍为等所属之县，博南产金，刚氏产金、银，朱提产银铜，羊山产银铅，滇池不韦产铁（另有俞元、律高、贲古产铜锡）。又巴郡之宕渠，越嶲之台登、会无亦皆产铁。证以《华阳国志》刚氏道、葭萌县皆有金银矿（皆《锥指》引，今巴蜀书社刊本未见）。又贲古县产银铅铜锡（巴蜀本有），至于前《汉志》汉中之沔阳，蜀之临邛，犍为之武阳并有铁官。此外《通典》古梁州所属眉、资、嘉、雅龙五州并贡麸金，《元和志》成都温江、眉州通义、蜀州唐与、龙州江油、泸州、泸川、资州盘石诸县并出麸金。《锥指》并云：'永昌兰仓水出金如糠在水中，说者谓"金生丽水"，即其地。'丽水即金沙江。是此江固以产金沙而得名。由此知今川滇境即《禹贡》梁州境确以产金银铁而定为贡品。"④ 丽水即今金沙江，此江以产金沙而得名；由此可知今川滇境，即《禹贡》梁州境，确以产金银铁闻名，其被定为贡品是不足为奇的。

---

① （清）胡渭：《禹贡锥指》，上海：上海古籍出版社，2013 年，第 287、288 页。

② 顾颉刚、刘起釪：《尚书校释译论》，北京：中华书局，2005 年，第 725 页。

③ 顾颉刚、刘起釪：《尚书校释译论》，北京：中华书局，2005 年，第 725 页。

④ 顾颉刚、刘起釪：《尚书校释译论》，北京：中华书局，2005 年，第 725、726 页。

镂。《释文》："镂，娄豆反。"伪孔："镂，刚铁。"孔疏："'镂'者，可以刻镂，故为'刚铁'也。"[①]《蔡传》："铁，柔铁也。镂，钢铁可以刻镂者也。"[②]《锥指》："凡铁柔曰铁、刚曰镂。"[③]可知"镂"是硬度较高的铁。

《锥指》中详细描述了钢的锻造过程，其云："《梦溪笔谈》曰：世间所谓钢铁者，用柔铁屈盘之，乃以生铁陷其间，泥封炼之，锻令相入，谓之团钢，亦谓之灌钢。此乃伪钢耳。暂假生铁以为坚，二三炼则生铁自熟，仍是柔铁。予出使至磁州锻坊观炼铁，方识真钢。凡铁之有钢者，如面中有筋，濯尽柔面，则面筋乃见。炼钢亦然，但取精铁锻之百余火，每锻称之，一锻一轻，至累锻而斤两不减，则纯钢也，虽百炼不耗矣。此乃铁之精纯者，其色明莹，磨之则黯然青而且黑，与常铁迥异。亦有炼之至尽而全无钢者，皆系地之所产也。盖镂乃百炼之精铁，铸为刀可以刻镂，故别以其用名之。犹木之中弓干者，名之曰干也。"[④]此系铁百炼成钢的过程，而"镂"便是百炼之钢，因其铸为刀后可以刻镂，故命名之，犹可作弓干之木便称作"干"一样。文中还证明了梁州产钢的事实，其云："《元和志》：陵州始建县东南有铁山，出铁，诸葛亮取为兵器。其铁刚利，堪充贡焉。又邛州临溪县东孤石山有铁矿，大如蒜子，烧合之成流，支铁甚刚，因置铁官。又涪州涪陵县东有开池，出刚铁，土人以为文刀。此即经所谓镂也。"[⑤]陵州始建县、邛州临溪县、涪州涪陵县的铁山、铁矿等，便是梁州产铁的证明。李长傅《禹贡释地》："梁州矿产资源丰富。《史记·货殖列传》说蜀郡卓氏以冶铁致富，拟邦君。《汉书·地理志》：'蜀郡临邛（今邛崃）、犍为郡武阳（今彭山县）、南安（今夹江）皆设铁官。'足证梁州冶铁业之发达。"[⑥]

① （汉）孔安国传，（唐）孔颖达疏：《尚书正义》，北京：北京大学出版社，1999年，第154页。
② （宋）蔡沈：《书集传》，南京：凤凰出版社，2010年，第55页。
③ （清）胡渭：《禹贡锥指》，上海：上海古籍出版社，2013年，第288页。
④ （清）胡渭：《禹贡锥指》，上海：上海古籍出版社，2013年，第288、289页。
⑤ （清）胡渭：《禹贡锥指》，上海：上海古籍出版社，2013年，第288页。
⑥ 李长傅：《禹贡释地》，郑州：中州书画社，1982年，第80页。

砮，林氏《全解》："砮，石之可以矢镞也。"① 即可作箭头的石头。

磬，《全解》云："石磬也，上文璆既以为玉磬，则此为石磬可知矣。"② 上文"璆"其实当为"镠"，不作"玉磬"讲；林氏继云："徐州之贡泗滨浮磬，此州既贡玉磬，而豫州又贡磬错。以是观之，则知当时之乐器磬为最重，其所以犹重于磬者，岂非以其声尚于角，其声在于清浊小大之间最为难和者哉！夔曰：'于，予击石拊石，百兽率舞，庶尹允谐。'但言'击石拊石'，而不言金、丝、竹、匏、土、革、木者，惟石声最为难和故也。是以制贡尤详于此也。"③ 认为所有乐器之中磬最重要，故《禹贡》多州贡磬；磬声在乐器声中最为难和，故"制贡尤详于此"，"此州出磬石，又工为磬，乃成器以贡。"④

熊，《左传·昭公七年》疏引《说文》云："熊，兽，似豕，山居，冬蛰。"⑤《说文》："罴，如熊，黄白文。"郭璞注："似熊而长头高脚，猛憨多力，能拔树木。"⑥《说文》卷十四下引《尔雅》："狐、狸、貒、貉，丑。"邵晋涵《尔雅正义》有："狸狐猫貒四兽之类。"⑦ 王天与《尚书纂传》引王炎云："熊似豕，罴似熊而黄。狐类犬而长尾，狸则狐之小者。"⑧ 可知"狸"即"狸"，熊、罴、狐、狸为四种不同的野兽。关于这四种动物历来歧义不多，多数集中在"织皮"的释义上。

梁州、雍州皆有"织皮"，梁州："熊罴狐狸织皮西倾因桓是来"，雍州：

① （宋）林之奇：《尚书全解》，北京：人民出版社，2019 年，第 150 页。

② （宋）林之奇：《尚书全解》，北京：人民出版社，2019 年，第 150 页。

③ （宋）林之奇：《尚书全解》，北京：人民出版社，2019 年，第 150 页。

④ （清）胡渭：《禹贡锥指》，上海：上海古籍出版社，2013 年，第 289 页。

⑤ （周）左丘明传，（晋）杜预注，（唐）孔颖达疏：《春秋左传正义》，北京：北京大学出版社，1999 年，第 1244 页。

⑥ （汉）许慎著，汤可敬译注：《说文解字》，北京：中华书局，2020 年，第 2041 页。

⑦ 顾颉刚、刘起釪：《尚书校释译论》，北京：中华书局，2005 年，第 733 页。

⑧ 顾颉刚、刘起釪：《尚书校释译论》，北京：中华书局，2005 年，第 733 页。

"织皮昆仑析支渠搜西戎即叙"，"西倾"，郑玄："雍州之山也。"①《汉志》"陇西郡临洮县"下云："《禹贡》西倾山在县西。"②可知西倾、昆仑皆为地名，"织皮"后接地名，故"织皮"的断句释义就产生了分歧，关于其断句，大致来说可分为两类。

一、"织皮"为国名、地名。如郑玄云："织皮，谓西戎之国也。西倾，雍州之山也。雍、戎二野之间，人有事于京师者，道当由此州而来。"③将"织皮"作国名讲，谓居住在织皮、西倾的少数民族，凡有事于京师者，由此州取道而来；王鸣盛亦云："织皮谓西戎之国，即昆仑等是也。……雍州'织皮'与'昆仑、析支、渠搜'连文，不为贡物，则此亦当与西倾连文，不为贡物可知。"④雍州"织皮"与昆仑、析支、渠搜连文，此处"织皮"亦当与"西倾"连文，释作国名。

二、"织皮"为贡物。如《书传》："以罽者曰织，以裘者曰皮。"⑤罽，《释文》："纪例反。"⑥《说文》："罽，西胡毳布也。"⑦即用动物细毛做成的毯子、毡子一类的织物；裘，《说文》："皮衣也。"⑧可知"织皮"单从字面上来看，为毛毡和兽皮类的细软贡物，苏轼《赐于阗国黑汗王进奉示谕敕书》："织皮在筐，聊观禹贡之余。"便强调了这一点。林之奇、蔡沈等亦皆赞同此说，如《全解》："曾氏……曰：'地多山林，兽之所走，熊、罴、狐、

---

① 顾颉刚、刘起釪：《尚书校释译论》，北京：中华书局，2005年，第735页。

② 顾颉刚、刘起釪：《尚书校释译论》，北京：中华书局，2005年，第735页。

③ 顾颉刚、刘起釪：《尚书校释译论》，北京：中华书局，2005年，第735页。

④ （清）王鸣盛：《尚书后案》，北京：北京大学出版社，2012年，第162页。

⑤ （清）纪昀、陆锡熊、孙士毅等：《景印文渊阁四库全书》，台北：台湾商务印书馆，1986年，第54册，第525页。

⑥ 顾颉刚、刘起釪：《尚书校释译论》，北京：中华书局，2005年，第733页。

⑦ （清）孙星衍：《尚书今古文注疏》，北京：中华书局，2017年，第175页。

⑧ 李恩江、贾玉民：《文白对照说文解字译述》，郑州：中原农民出版社，2000年，第760页。

狸之皮制之可以为裘，其毳毛织之可以为罽。'今当从苏氏、曾氏之说。"① 蔡沈："'织皮'者，梁州之地，山林为多，兽之所走。熊、罴、狐、狸四兽之皮制之可以为裘，其毳毛织之可以为罽也。"② 皆此论述，此比国名说较为可信，故"织皮"当与"熊罴狐狸"连文，同为梁州"厥贡"的内容。同样，雍州"织皮"亦当为贡物，然其"厥贡"中无"织皮"，文末却云："织皮、昆仑、析支、渠搜、西戎即叙"，对此，《书传》释云："《禹贡》之所篚，皆在贡后立文，而青、徐、扬三州皆莱夷、淮夷、岛夷所篚，此云'织皮、昆仑、析枝、渠搜、西戎即叙'，大意与上三州无异，盖言因'西戎即叙'，而后昆仑、析枝、渠搜三国皆篚织皮，但古语有颠倒详略尔，其文当在'厥贡惟球琳琅玕'之下，其'浮于绩石，至于龙门、西河，会于渭汭'三句，当在'西戎即叙'之下，以记入河水道，结雍州之末，简编脱误，不可不正也。"③ 认为"织皮、昆仑、析支、渠搜，西戎即叙"十二字系错简，其当在"厥贡惟球琳琅玕"之下、"浮于绩石"之上，雍州之昆仑、析支、渠搜三国所篚之"织皮"，与青、徐、扬三州之莱夷、淮夷、岛夷所篚之物无异，皆是少数民族的贡物，但因"古语有颠倒详略"，故至于此；胡渭《锥指》亦盛称苏轼之说，其云："第参以梁州之文，则此为错简明甚。……推寻事理，苏说为长。"④ 苏轼错简说诚然有说服力，然"织皮"其实不应与三民族牵合在一起，按照《禹贡》各州的文字章法，其首叙该州山川地理，接着叙其土、田、赋、贡（包括本州特产及少数民族特产），最后叙通往帝都的贡道，各州如此，应无一州例外，"织皮"作为贡物，故当置于"琅玕"下、"浮于"上，而"昆仑"等十字叙少数民族，当在"三苗丕叙"下、"厥土"上，同样，梁州"西倾因桓是来"亦错简，其叙少数民族事，当在"和夷底绩"后、"厥土"上，如此方符合《禹贡》体例。

---

① （宋）林之奇：《尚书全解》，北京：人民出版社，2019 年，第 150 页。

② （宋）蔡沈：《书集传》，南京：凤凰出版社，2010 年，第 55 页。

③ （清）纪昀、陆锡熊、孙士毅等：《景印文渊阁四库全书》，台北：台湾商务印书馆，1986 年，第 54 册，第 527 页。

④ （清）胡渭：《禹贡锥指》，上海：上海古籍出版社，2013 年，第 333、334 页。

前已辨明，"织皮"当为梁、雍二州的贡物，然"织皮"为何物，历来说法不一，通过梳理归纳，大致有以下两说：

一、"织皮"为一物说。

伪孔释梁州"熊罴狐狸织皮"云："贡四兽之皮，织金罽。"①孔疏承之云："与织皮连文，必不贡生兽，故云'贡四兽之皮'。《释言》云：'氂，罽也。'舍人曰：'氂，谓毛罽也。胡人续羊毛作衣。'孙炎曰：'毛氂为罽。'织毛而言皮者，毛附于皮，故以皮表毛耳。"②"织皮"为贡四兽之皮，胡人在兽皮上续羊毛作成织物，称作"罽"，毛附于皮，故以皮表毛，"织皮"为一物；元人吴澄云："织皮者，兽皮熟之去毛，削令至薄，裁令极细如缕，以金傅之，织而为布，非缝皮为裘，亦非织氋为褐也。"③将兽皮去毛削薄，裁成细缕，用金属固定好织布，此是承伪孔"织金罽"而言，"织皮"亦为一物，是兽皮细丝织成的布；此外，今人王世舜《尚书》中亦云："要进贡……熊、罴、狐、狸四种兽皮。"④李民、王健等亦皆持此说，这是一种解释。

另一种解释，清人孙星衍《尚书今古文注疏》中云："织皮者，纑之属。《释言》云：'氂，罽也。'《释文》引李巡本'氂'作'氋'。……《说文》：'纑，西胡氋布也。'"⑤"织皮"为兽毛织的布。近人曾运乾《尚书正读》："织皮……按织物。"⑥黄怀信《尚书注训》："织皮：毛织物，毡毯之类。"⑦樊东："织皮，一种毛织物，毡毯之类。"⑧屈万里："织皮，地毯之

---

① （唐）孔颖达：《尚书正义》，上海：上海古籍出版社，2007年，第220页。
② （唐）孔颖达：《尚书正义》，上海：上海古籍出版社，2007年，第220页。
③ （清）胡渭：《禹贡锥指》，上海：上海古籍出版社，2013年，第291页。
④ 王世舜、王翠叶：《尚书》，北京：中华书局，2021年，第74页。
⑤ （清）孙星衍：《尚书今古文注疏》，北京：中华书局，2017年，第175页。
⑥ 曾运乾：《尚书正读》，上海：华东师范大学出版社，2011年，第73页。
⑦ 黄怀信：《尚书注训》，济南：齐鲁书社，2002年，第74页。
⑧ 樊东：《尚书译注》，上海：上海三联书店，2013年，第32页。

属。"① 都是释"织皮"为兽毛的织品，这是另一种解释。

二、"织皮"为二物说。

颜师古注《汉志》云："言贡四兽之皮，又贡杂罽。"② 与上述只贡皮者或毛织品者异。苏轼："以罽者曰织，以裘者曰皮。"③ 以"织皮"为两物，曾旼承之云："地多山林，兽之所走，熊、罴、狐、狸之皮，制之可以为裘，其毳毛可以织之为罽。"④ 四兽之皮可以制裘，其毛可以织罽，"织皮"为兽毛织的毳布和用以制裘的兽皮，宋人林之奇、蔡沈，清人胡渭，今人李长傅等亦皆赞同此说。

此说较为合理，从字面上来看，织，《说文》："作布帛之总名也。"⑤ 当为丝、麻、棉、毛等编织的物品；"皮"，《周礼》"秋敛皮"，贾公彦疏："《说文》'兽皮治去其毛曰革'，秋敛皮者，鸟兽毛毨之时，其皮善，故秋敛之。"⑥ 可知"皮"为带毛的兽皮，故"织皮"当为兽毛织物和兽皮的合称。四兽毛皮是适合作织物和制裘的，如胡渭《锥指》中云："经举四兽之名，以其毛文采可观也。若去毛而裁其皮，以织为布，则凡兽皆可，何独取于四兽。"⑦ 四兽之毛，文采可观，故其毛可以制成织品，此外，其皮又是适合制裘的，如胡氏继云："《诗》有明征。《小雅》曰：舟人之子，熊罴是裘。《豳风》曰：取彼狐狸，为公子裘。颜、苏、曾之说，终不可易。"⑧ 裘，是用野兽皮毛制成的衣

① 屈万里：《尚书今注今译》，上海：上海辞书出版社，2021 年，第 53 页。

② 顾颉刚、刘起釪：《尚书校释译论》，北京：中华书局，2005 年，第 733 页。

③ （清）纪昀、陆锡熊、孙士毅等：《景印文渊阁四库全书》，台北：台湾商务印书馆，1986 年，第 54 册，第 525 页。

④ （清）胡渭：《禹贡锥指》，上海：上海古籍出版社，2013 年，第 289、290 页。

⑤ （汉）许慎著，汤可敬译注：《说文解字》，北京：中华书局，2020 年，第 2753 页。

⑥ （汉）郑玄注，（唐）贾公彦疏：《周礼注疏》，北京：北京大学出版社，1999 年，第 177 页。

⑦ （清）胡渭：《禹贡锥指》，上海：上海古籍出版社，2013 年，第 291 页。

⑧ （清）胡渭：《禹贡锥指》，上海：上海古籍出版社，2013 年，第 291 页。

服，用于御寒，皮在内，毛在外，《说文》："古者衣裘以毛为表。"①四兽毛文采美观，故古人也取之制裘。

上文学者多承梁州"熊罴狐狸"释"织皮"，作四兽毛皮，其实"织皮"并不止于四兽。梁、雍为今青藏高原游牧区，地幅辽阔，人口稀少，是野生动物生存的重要区域，该地区受自然条件的限制，自古农业较少，主要以畜牧业为主，牦牛、藏羚、驴、马、犬等是该域常见的动物，狼、豹、鹿等亦是该域存在的动物，这些动物的毛皮都是可以被广泛利用的，如牦牛绒和羊毛，是青藏毡毯的主要原料，其毛皮亦可做衣服、鞋帽或帐篷，其他许多动物亦是如此；西部地区皮毛制品与皮毛贸易发达，毛皮制品在人们的日常生活中被广泛利用，故凡一切走兽，其毛皮能被利用者皆可称作"织皮"；此外，雍州"织皮"与"球琳琅玕"等玉石名并列，"织皮"亦不应止于四兽，简言之，"织皮"当为兽毛织品及兽皮。

兽毛可以织氍，氍如今日西藏之氆氇，是当地人民手工生产的一种毛织品，可以做地毯、壁毯、床毯、帘幕、毡被、毡帐、衣裤、靴帽等，在人们的日常生活中被广泛使用。毛织品曾是西部地区的贡品，如《逸周书·王会解》中记商汤命诸侯因地制贡，伊尹作《四方令》，命昆仑、狗国、鬼亲等西方国，"以……白旄、纰氍……为献。"②"纰氍"即毛毡的意思。《周礼·天官》中的"掌皮掌秋敛皮，冬敛革……共其毳毛为毡。"③可知王室中还有专门制作毡毯的机构，直至今日，居住在青藏高原的人们，仍住用牛毛制成的黑帐篷，穿用羊毛等织成的褐衣，毛织品是当地人们不可缺少的必需品，故梁、雍进贡兽毛织品，当是"织皮"的重要一部分。

毛皮是人类最早的衣料，在丝麻织物没有出现之前，先民就本能地利用动物

---

① 李恩江、贾玉民：《文白对照说文解字译述》，郑州：中原农民出版社，2000年，第745页。
② 张闻玉：《逸周书全译》，贵阳：贵州人民出版社，2000年，第278页。
③ （汉）郑玄注，（唐）贾公彦疏：《周礼注疏》，北京：北京大学出版社，1999年，第177页。

毛皮来护身御寒，如《礼记·礼运》中云："食草木之实，鸟兽之肉，饮其血，茹其毛，未有麻丝，衣其羽皮。"① 毛皮广泛应用于生活中的方方面面，其最主要的功能就是制裘，适宜制裘的兽皮很多，除胡氏引《诗》所载四兽外，还有许多种动物，如《仪礼·玉藻》中，记君有"黼裘"，即以黑羊皮和狐白裘相杂制成的裘；有"大裘"，即黑羊裘，这是古代天子祭天时的礼服；有"狐白裘"；"君之右虎裘，厥左狼裘"，国君右边的卫士穿虎裘，左边的卫士穿狼裘；"君子狐青裘豹袖……麝裘青犴袖……羔裘豹饰"，大夫和士则穿青狐裘、鹿裘、羊羔裘等，并分别用豹皮、犴皮等作袖口装饰；诸侯之服则为"锦衣狐裘……犬羊之裘"② 等，记载了不同兽皮的裘和装饰，且地位等级不同，裘的穿着与搭配也不同。此外，王室内也有专门制裘的机构，如《周礼·天官》中记："司裘掌为大裘，以共王祀天之服。中秋献良裘……季秋，献功裘，以待颁赐。"③ 良裘，即精制的皮衣，供君王所服；功裘，郑玄注："人功微粗，谓狐青麝裘之属。郑司农云：'功裘，卿大夫所服。'"④ 是天子赐给卿大夫穿的一种皮袄，用狐皮、鹿皮等制成，其做工略粗于"良裘"，如此种类和名称不同的裘，足以想见当时上层社会对兽皮的需求量当是很大的。

兽皮除可以制裘外，还可以供射鹄之用。如《周礼·天官》中记"王大射"，司裘"共虎侯、熊侯、豹侯，设其鹄。诸侯则共熊侯、豹侯，卿大夫则共麋侯，皆设其鹄。"⑤ 侯，郑玄注："谓所射布也。"⑥ "虎侯者，谓以虎皮饰其侧……熊侯者，以熊皮饰其侧。"⑦ 即用虎皮、熊皮、豹皮、麋鹿皮等作装饰

---

① （汉）郑玄注，（唐）孔颖达疏：《礼记正义》，北京：北京大学出版社，1999年，第668页。

② （汉）郑玄注，（唐）孔颖达疏：《礼记正义》，北京：北京大学出版社，1999年，第899、900页。

③ （汉）郑玄注，（唐）贾公彦疏：《周礼注疏》，北京：北京大学出版社，1999年，第171、172页。

④ （汉）郑玄注，（唐）贾公彦疏：《周礼注疏》，北京：北京大学出版社，1999年，第172页。

⑤ （汉）郑玄注，（唐）贾公彦疏：《周礼注疏》，北京：北京大学出版社，1999年，第172页。

⑥ （汉）郑玄注，（唐）贾公彦疏：《仪礼注疏》，北京：北京大学出版社，1999年，第175页。

⑦ （汉）郑玄注，（唐）贾公彦疏：《周礼注疏》，北京：北京大学出版社，1999年，第174页。

的射布；鹄，即箭靶子，"还以虎熊豹皮为之"①，作贵族射箭之用；兽皮还可以"饰皮车"，如《礼记·玉藻》中记："君羔幦虎犆；大夫齐车鹿幦豹犆，朝车；士齐车鹿幦豹犆。"②幦，是车轼的覆盖物；犆，是车上的缘饰，国君及大夫、士的齐车、朝车分别用不同的兽皮覆轼镶边，孔颖达疏云："此一节论君及大夫、士等齐车、朝车所饰之物，尊卑不同。"③可见不同的地位等级，其兽皮种类的使用也是不一样的。此外，兽皮还可以作垫褥、被褥、悬挂作装饰等，不一而足。兽皮用途广泛，其性能满足了人们多方面的需求，是古代非常重要的生活资料，也是财富的象征，如《淮南子·道应训》中记文王拘于羑里，"散宜生乃以千金求天下之珍怪，得……玄豹、黄罴、青豻、白虎文皮千合，以献于纣。……纣见而说之，乃免其身。"④可见古代贵族对这些兽皮的重视和青睐。

兽皮的珍贵及其广泛的用途，使得上层对其需求量也是源源不断的，如《周礼》中有"兽人"，专门掌管捕获野兽进献，"冬献狼，夏献麋，春秋献兽物……凡祭祀、丧纪、宾客，共其死兽生兽。凡兽入于腊人，皮毛筋角入于玉府。"⑤无论生兽、死兽及兽身上的各个部位，都会得到充分的利用；"掌皮掌秋敛皮，冬敛革，春献之。遂以式法颁皮革于百工。"⑥"掌皮"则专门负责收敛皮革，交给有关部门进行制作加工，梁、雍二州作为我国西部盛产毛皮制品的地域，其进贡"织皮"就不足为奇了，这是两州进贡"织皮"的重要因素，也是"织皮"另一方面的内容。

---

① （汉）郑玄注，（唐）贾公彦疏：《周礼注疏》，北京：北京大学出版社，1999年，第174页。

② （汉）郑玄注，（唐）孔颖达疏：《礼记正义》，北京：北京大学出版社，1999年，第883页。

③ （汉）郑玄注，（唐）孔颖达疏：《礼记正义》，北京：北京大学出版社，1999年，第883页。

④ （西汉）刘安著，（东汉）高诱注：《淮南子注》，上海：世界书局，中华民国二十四年，第202页。

⑤ （汉）郑玄注，（唐）贾公彦疏：《周礼注疏》，北京：北京大学出版社，1999年，第100、102页。

⑥ （汉）郑玄注，（唐）贾公彦疏：《周礼注疏》，北京：北京大学出版社，1999年，第177页。

第九章

雍州赋贡研究

第一节　雍州田赋研究

"黑水、西河惟雍州"，郑玄："雍州界自黑水，而东至于西河也。"[①] 其州境大致包括今秦岭以北的陕西境，宁夏、甘肃、新疆全境和青海的一部分。

"厥土惟黄壤"，林氏《全解》："此州之土以色言之则黄，以性言之则壤。"又云："凡天下之物得其常性者最为可贵，土色本黄，此州之土黄壤，故其田为上上，而非余国之所及。"[②] 此地区为黄土高原，古人由目验，认为雍州土色本黄，万物得其本性者最贵，故列为上上第一等。然随着今天科学探测技术和土壤学的发展，可知其域内土壤成分并不单一，据陈恩凤《中国土壤地理》所载：渭水流域为壤土，泾水流域多黑垆土，陕西境内其他地区大多为绵土，东部龙门附近及西部宝鸡、天水一带为褐土，青海大部分为栗钙土，其东所邻甘肃境为黑钙土，陕甘之间黄河流域大抵为灰钙土，紧黄河两岸及武威至民勤一带（即都野泽地区）与张掖西北嘉峪关、金塔东北至居延海一线弱水两岸，都是绿洲土，此外河西走廊东部多灰棕漠土，西部多棕漠土，以迄新疆境，此为今日实测所知雍州范围内的土壤情况，可见其土壤成分之复杂。由于雍州大部分为今之陕西地区，故陈恩凤云"黄壤"多为"淡栗钙土，系发育于原生黄土，或即所称黄壤。"[③]

"厥田惟上上，厥赋中下"，伪孔："田第一，赋第六，人功少。"[④] 孔疏："此与荆州赋田升降皆较六等，荆州升之极，故云'人功修'；此州降之

---

① 顾颉刚、刘起釪：《尚书校释译论》，北京：中华书局，2005 年，第 738 页。

② （宋）林之奇：《尚书全解》，北京：北京人民出版社，2019 年，第 155 页。

③ 万国鼎：《中国古代对于土壤种类及其分布的知识》，《南京农业学院学报》，1956 年 6 月 15 日。

④ （汉）孔安国传，（唐）孔颖达疏：《尚书正义》，北京：北京大学出版社，1999 年，第 156 页。

极，故云‘人功少’。其余相较少者，从此可知也。”①上文荆州“田下中，赋上下”，伪孔云：“田第八，赋第三，人功修。”②以人工多少来解释赋田等级的不一致，蔡沈亦云：“田第一等，而赋第六等者，地狭而人功少也。”③都是将赋等与土壤和人功联系起来。

雍州田为第一等，这与当地土壤的开发历史有关系。雍州自周祖后稷以来特别重视农业生产，周民族成为特别重视农业的民族，如《锥指》中记：“《诗》咏太王之迁岐曰：‘周原膴膴，堇荼如饴’。咏公刘之迁豳曰‘度其隰原，彻田为粮’。则豳、岐之土，亦膏腴也。此皆田之在渭北者也。《诗》曰‘信彼南山，维禹甸之’。则田之在渭南者。东方朔云‘丰、镐之间，号为土膏，贾亩一金’是也。《史记·货殖传》曰：自汧、雍以东，至河、华，膏壤沃野千里，虞夏之贡，以为上田。”④由《诗经》咏渭北、渭南之田，可知自周以来的雍州，一直以膏腴著称。雍州水利事业的发达，亦使得关中成为我国古代农业最发达的地区之一，如《汉书·沟洫志》记：“举臿为云，决渠为雨，泾水一石，其泥数斗；且溉且粪，长我禾黍。”⑤说明古代雍州土地之肥沃，水利事业的发达，使得当地的农业生产发展水平较高。

然雍地也非皆膏壤，如《锥指》云：“雍地虽大，其在中邦之限，禹所则壤以成赋者，不过方千里。其间又有高山长谷，可以为田者少，不若冀之平原旷野，一望皆良田。又则壤之地居多，即令雍他日人功益修，亦未能及冀赋之第一。由是推之，田美而少，则赋亦不甚多；田恶而多，则赋亦不甚少。不尽系乎

---

① （汉）孔安国传，（唐）孔颖达疏：《尚书正义》，北京：北京大学出版社，1999年，第156页。

② （汉）孔安国传，（唐）孔颖达疏：《尚书正义》，北京：北京大学出版社，1999年，第149、150页。

③ （宋）蔡沈：《书集传》，南京：凤凰出版社，2010年，第57页。

④ （清）胡渭：《禹贡锥指》，上海：上海古籍出版社，2013年，第325页。

⑤ 李长傅：《禹贡释地》，郑州：中州书画社，1982年，第87页。

人功之修否也。"① 雍州虽然面积广大，然可供耕作纳赋的土壤有限，雍州多高山长谷，虽人功益修，亦未能及冀州赋等，故胡氏认为"不尽系乎人功之修否也。"其实一州赋等的高低不尽由田之好坏与人功修否决定，而是由该州的经济水平总量决定，雍州虽田最好，然其他方面经济水平较差，故总体为第六等。

第二节　雍州之贡研究

"厥贡惟球、琳、琅玕"。

"球"，历来有两种解释：

一种释"球"为治磬的玉石材料。如《说文·玉部》段玉裁校："球，玉声也。从玉，求声……璆，球或从翏。"② 可知"球"、"璆"为一字，为玉石；《尔雅·释器》："璆、琳，玉也。"郭璞疏："璆、琳，美玉名。"③ 又《释地》："西北之美者，有昆仑虚之璆琳琅玕焉。"郭注："璆琳，美玉名。"④"球"亦被释作美玉。

另一种释"球"为玉磬。如《尚书·虞书·益稷》"戛击鸣球"，伪孔云："球，玉磬。"⑤ 孔疏亦云："《释器》云：'球，玉也。''鸣球'谓击球使鸣。乐器惟磬用玉，故球为玉磬。"⑥ 都将"球"作玉磬讲。

其实"球"应为制磬的玉石材料，伪孔、孔疏释作"玉磬"，是一种以偏概

① （清）胡渭：《禹贡锥指》，上海：上海古籍出版社，2013年，第325、326页。

② 李恩江、贾玉民：《文白对照说文解字译述》，郑州：中原农民出版社，2000年，第20页。

③ （晋）郭璞注，（宋）邢昺疏：《尔雅注疏》，北京：北京大学出版社，1999年，第149页。

④ （晋）郭璞注，（宋）邢昺疏：《尔雅注疏》，北京：北京大学出版社，1999年，第193页。

⑤ （汉）孔安国传，（唐）孔颖达疏：《尚书正义》，北京：北京大学出版社，1999年，第127页。

⑥ （汉）孔安国传，（唐）孔颖达疏：《尚书正义》，北京：北京大学出版社，1999年，第128页。

全的解释。首先，从用途上讲，球除了作磬之外，还有其他用途，如《周礼·玉藻》："笏，天子以球玉。"郑玄注："球，美玉也。"① 可知"球"可作帝王用的笏。《诗经·瞻彼洛矣》："鞸琫有珌"，郑玄注："鞸，容刀鞸也。琫，上饰。珌，下饰也。天子玉琫而珧珌，诸侯璗琫而璆珌。"② 球又可作刀上的装饰。《诗经·商颂·长发》："受小球大球"，郑玄注："则受小玉，谓尺二寸圭也。受大玉，谓珽也，长三尺。"③ 可知球又可作圭和珽。上述笏、珌、圭、珽均是用球制成，玉磬也是其用途之一，因而不应拿礼器专名去释通名；再者，《尚书·顾命》："大玉、夷玉、天球、河图，在东序。"孔疏引郑玄云："大玉，华山之球也。夷玉，东北之珣玗琪也。天球，雍州所贡之玉，色如天者。皆璞，未见琢治，故不以礼器名之。"④ 认为球当是未经琢治的璞玉，而非已治成的玉磬，璞玉因颜色如天空，故称"天球"。然胡渭对此提出异议，其云："郑云色如天，非是。雍州所贡当为磬材，未经琢治者。故《传》释天球以此实之。不然，则豫贡磬错，将安所用耶！"⑤ 也认为球当为治磬材料的玉石，但因未经琢治，故称"天球"，胡氏所说的"天"可定义为天然或原始的意思，即璞玉，并指出豫州所贡的"磬错"，就是用来琢磨玉石的，其琢磨的对象就是这些天然的玉石。此当为正解。

琳，《释文》："琳，韦音来金反。"⑥ 伪孔："球、琳皆玉名。"孔疏："《释地》云：'西北之美者，有昆仑虚之璆、琳、琅玕焉。'说者皆云：

---

① （汉）郑玄注，（唐）孔颖达疏：《礼记正义》，北京：北京大学出版社，1999年，第902页。
② （汉）毛亨传，（汉）郑玄笺，（唐）孔颖达疏：《毛诗正义》，北京：北京大学出版社，1999年，第858页。
③ （汉）毛亨传，（汉）郑玄笺，（唐）孔颖达疏：《毛诗正义》，北京：北京大学出版社，1999年，第1456页。
④ （汉）孔安国传，（唐）孔颖达疏：《尚书正义》，北京：北京大学出版社，1999年，第503、506页。
⑤ （清）胡渭：《禹贡锥指》，上海：上海古籍出版社，2006年，第327页。
⑥ （汉）孔安国传，（唐）孔颖达疏：《尚书正义》，北京：北京大学出版社，1999年，第156页。

'球、琳，美玉名。'"①可知"琳"为玉或美玉，《锥指》："琳，美玉。《上林赋》云：玫瑰碧琳。《西都赋》云：琳珉青荧。则琳乃玉之青碧色者，其为用也广。"②云"琳"是青碧色的美玉，用途广泛。

琅玕，《释文》："琅音郎。玕音干，《山海经》云：'昆仑山有琅玕树。'"③伪孔："琅玕，石而似珠。"④《锥指》："琅玕，《传》云：石而似玉，或云似珠。玉言其质，珠言其形也。"⑤是说琅玕玉质珠形，《锥指》继而引用多种典籍，对琅玕进行了详细的论述和描绘，其云："《山海经》曰：槐江之山，上多琅玕、金、玉。又曰：开明山北有珠树。又曰：赤水之上，有三珠树。《淮南子》曰：昆仑山有碧树在其北。又曰：曾城九重，有琅玕在其东。珠树、碧树即琅玕也，乃石之精液凝结成树形，人截断其枝，刓之使圆若珠状，与珊瑚相类。故张揖《广雅》以珊瑚为珠。郭璞《尔雅》注云：琅玕，石之似珠者，或言树之子似珠，妄也。琅玕之状，唯《本草》言之最详。有石阑干者，生蜀郡平泽。《名医别录》以为即琅玕，陶弘景曰：此《蜀都赋》所称青珠也。琅玕是昆仑山上树名。苏颂曰：今秘书中有《异鱼图》，载琅玕青色生海中。云海人以网于海中取之，初出水红色，久而青黑，枝柯似珊瑚，而上有孔窍如虫蛀，击之有金石声。盖石之美者，明莹若珠之色，而状森植尔。寇宗奭曰：《西域记》云：天竺国出琅玕，苏恭谓是琉璃之类。琉璃乃火成之物，琅玕非火成者，安得同类。李时珍曰：琅玕生于西北山中，及海山厓间。其云生于海底网取者，是珊瑚，非琅玕也。在山为琅玕，在水为珊瑚，亦有碧色者。今回回地方出一种

---

① （汉）孔安国传，（唐）孔颖达疏：《尚书正义》，北京：北京大学出版社，1999年，第156页。

② （清）胡渭：《禹贡锥指》，上海：上海古籍出版社，2013年，第327页。

③ （汉）孔安国传，（唐）孔颖达疏：《尚书正义》，北京：北京大学出版社，1999年，第156页。

④ （汉）孔安国传，（唐）孔颖达疏：《尚书正义》，北京：北京大学出版社，1999年，第156页。

⑤ （清）胡渭：《禹贡锥指》，上海：上海古籍出版社，2013年，第329页。

青珠，与碧靛相似，恐是琅玕所作。又曰：珊瑚生海底，五七株成林，出水变红色者为上。汉赵佗谓之火树是也。碧色者亦良，昔人谓之青琅玕。许慎云：珊瑚赤色，或生于海，或生于山。据此说则生于海者为珊瑚，生于山者为琅玕，尤可征矣。"①其引《山海经》《说文》《淮南子》《广雅》《尔雅》《本草》《名医别录》《蜀都赋》《西域记》及苏颂、苏恭等言，认为琅玕是一种生于山上，与琉璃相似的树形石枝，其生于海者为珊瑚，生于山者曰琅玕，然珊瑚为产于热带海中之腔肠动物群体分泌的石灰质骨骼聚结而成的树枝状或其他形状的物体，琅玕为产于山中之美石，二者各为动物、矿物，彼此不同，古人以其外貌相类，误认为了一类。《锥指》继云："张衡《四愁诗》曰：何以报之青琅玕。曹植《美人篇》曰：腰佩翠琅玕，琅玕色青翠。故后人取以名竹。杜甫《哀王孙》曰：腰下宝玦青珊瑚。珊瑚之青者，即琅玕也。琅玕又颇与瑟瑟木难相似。瑟瑟即今宝石中之碧色者，木难亦碧色似珠。但瑟瑟出坑井中，……木难乃鸟沫所成，而琅玕则生山厓间，森挺若树，以是为别云。"②复引张衡《四愁诗》、曹植《美女篇》、杜甫《哀王孙》等，说明琅玕与瑟瑟、木难的区别。

雍州自古产玉。茅瑞徵《禹贡汇疏》引丘濬云："汉时关中之蓝田，幽州之玉田皆出玉。其时西域未通也。今中国所以用之玉皆来自于阗，有白、玄、绿三种，皆出于河，亦与古异。"③说明雍州之蓝田、于阗古为产玉之地，胡渭《锥指》亦引多种典籍说明蓝田、于阗产玉的事实，其云："《尔雅》：昆仑虚之璆琳。盖即西域于阗之玉也。陶弘景《本草经》注曰：好玉出蓝田及南阳徐善亭部界中，日南卢容水中，外国疏勒、于阗诸处，皆善，洁白如猪膏，叩之鸣者是真也。苏颂《图经本草》曰：今蓝田、南阳、日南不闻有玉，惟于阗国出之。晋鸿胪卿张匡邺使于阗，作《行程记》，载其国采玉之地云：玉河在于阗城外，其源出昆山，西流一千三百里，至于阗界牛头山，乃疏为三河：一曰白玉河，在

---

① （清）胡渭：《禹贡锥指》，上海：上海古籍出版社，2013年，第329页。

② （清）胡渭：《禹贡锥指》，上海：上海古籍出版社，2013年，第329、330页。

③ 顾颉刚、刘起釪：《尚书校释译论》，北京：中华书局，2005年，第755页。

城东三十里；二曰绿玉河，在城西二十里；三曰乌玉河，在绿玉河西七里。其源虽一，而其玉随地而变，故其色不同。每岁五六月大水暴涨，则玉随流而至。玉之多寡，由水之大小，七八月水退乃可取，彼人谓之捞玉。其国中有禁，器用服食往往用玉。中国所有亦自彼来。渭按：汉《地理志》：京兆蓝田县山多美玉。《东方朔传》云：南山出玉石。《外戚传》云：壁带往往为黄金釭，函蓝田璧。《西都赋》云：陆海珍藏，蓝田美玉。李善注引范子计然曰：玉英出蓝田。《水经注》云：丽戎之山，一名蓝田，其阴多金，其阳多玉。是玉本雍州所产。《后魏书》云：李预羡古人餐玉之法，乃采访蓝田，掘得若环璧杂器者，大小百余枚，皆光润可爱。又《开元传信记》云：太真妃最善击磬，明皇令采蓝田绿玉为磬。李贺《老夫采玉歌》云：采玉采玉须水碧，琢作步摇徒好色。老夫饥寒龙为愁，蓝谿水气无清白。是唐时蓝田尚有玉，而苏颂曰今不闻有之，未知何缘遂绝。丘文庄云：汉蓝田出玉，其时西域未通也。今中国所用之玉，来自于阗，有白玄绿三种，皆出于河。与古时异。岂土石之精，其生有限而收之有尽邪！然《尔雅》以璆、琳系之昆仑，则中国之玉取给于西域尚矣。禹时雍州所贡亦未必尽出蓝田也。"[1] 其引《尔雅》《本草经》《图经本草》《于阗国行程记》《汉书·地理志》《东方朔传》《外戚传》《西都赋》《水经注》《后魏书》《开元传信记》《老夫采玉歌》及李善注、丘文庄（丘浚）言等大量古籍材料，说明西北雍州域内的蓝田、于阗等，自古以产这种玉石擅名。

---

[1] （清）胡渭：《禹贡锥指》，上海：上海古籍出版社，2013年，第328页。

参考文献

[1]（汉）司马迁 . 史记 [M]. 北京：中华书局，2011.

[2] 许嘉璐：《二十四史全译·汉书》[M]. 上海：汉语大词典出版社，2004.

[3]（南朝宋）范晔 . 后汉书 [M]. 北京：中华书局，1999.

[4]（晋）郭璞注，（宋）刑昺疏 . 尔雅注疏 [M]. 北京：北京大学出版社，1999.

[5]（唐）孔颖达 . 尚书正义 [M]. 上海：上海古籍出版社，2014.

[6]（唐）李吉甫 . 元和郡县图志 [M]. 北京：中华书局，1983.

[7]（唐）李泰 . 括地志辑校 [M]. 北京：中华书局，1980.

[8]（唐）杜佑 . 通典 [M]. 北京：中华书局，1992.

[9]（宋）林之奇 . 尚书全解 [M]. 北京：人民出版社，2019.

[10]（宋）蔡沈 . 书集传 [M]. 南京：凤凰出版社，2010.

[11]（明）宋应星著，潘吉星译注 . 天工开物译注 [M]. 上海：上海古籍出版社，1998.

[12]（清）孙星衍 . 尚书今古文注疏 [M]. 北京：中华书局，2017.

[13]（清）王先谦 . 尚书孔传参正 [M]. 北京：中华书局，2011.

[14]（清）王鸣盛 . 尚书后案 [M]. 北京：北京大学出版社，2012.

[15]（清）胡渭 . 禹贡锥指 [M]. 上海：上海古籍出版社，2013.

[16]（清）皮锡瑞 . 今文尚书考证 [M]. 北京：中华书局，2009.

[17]（清）纪昀、陆锡熊、孙士毅等 . 景印文渊阁四库全书 [M]. 台北：台湾商务印书馆，1986.

[18]（清）冯登府、翁方纲、钱大昕等 . 续修四库全书 [M]. 上海：上海古籍出版社，2002.

[19] 李学勤 . 尚书正义 [M]. 北京：北京大学出版社，1999.

[20] 李学勤 . 毛诗正义 [M]. 北京：北京大学出版社，1999.

[21] 李学勤 . 周礼注疏 [M]. 北京：北京大学出版社，1999.

[22] 顾颉刚、刘起釪 . 尚书校释译论 [M]. 北京：中华书局，2005.

[23] 李长傅 . 禹贡释地 [M]. 郑州：中州书画社，1982.

[24] 曾运乾 . 尚书正读 [M]. 北京：中华书局，2015.

[25] 李民、王健 . 尚书译注 [M]. 上海：上海古籍出版社，2012.

[26] 王世舜 . 尚书译注 [M]. 聊城：山东师范学院聊城分院中文系古典文学教研室，1979.

[27] 江灏、钱宗武 . 今古文尚书全译 [M]. 贵阳：贵州人民出版社，1990.

[28] 郭仁成 . 尚书今古文全璧 [M]. 长沙：岳麓书社，2006.

[29] 屈万里 . 尚书今注今译 [M]. 上海：上海辞书出版社，2021.

[30] 樊东 . 尚书译注 [M]. 上海：上海三联书店，2013.

[31] 慕平 . 尚书 [M]. 北京：中华书局，2009.

[32] 黄怀信 . 尚书注训 [M]. 济南：齐鲁书社，2002.

[33] 陈桥驿 . 水经注校证 [M]. 北京：中华书局，2007.

[34] 马士远、傅永聚 . 四书五经普及读本 [M]. 北京：线装书局，2016.

[35] 李学勤 . 周礼注疏 [M]. 北京：北京大学出版社，1999.

[36] 李恩江、贾玉民 . 文白对照说文解字译述 [M]. 郑州：中原农民出版社，2000.

[37] 张闻玉 . 逸周书全译 [M]. 贵阳：贵州人民出版社，2000.

[38] 向宗鲁 . 说苑校正 [M]. 北京：中华书局，1987.

[39]（晋）郭璞注，（宋）刑昺疏 . 尔雅注疏 [M]. 北京：北京大学出版社，1999.